W0038965

Himmlische Zeiten

Engel, deine Wegbegleiter

Siehe, ich sende einen Engel vor dir her,
damit er dich auf deinen Wegen behüte
und dich an den Ort führe, den ich bestimmt habe.
Habe Acht auf ihn und höre auf ihn.

Exodus 23,20f.

Himmlische Zeiten

Engel, deine Wegbegleiter

benno

Bibliografische Information
der Deutschen Nationalbibliothek
Die Deutsche Nationalbibliothek verzeichnet diese
Publikation in der Deutschen Nationalbibliografie;
detaillierte bibliografische Daten sind im Internet unter
http://dnb.d-nb.de abrufbar.

Besuchen Sie uns im Internet:
www.st-bennno.de

Gern informieren wir Sie unverbindlich und aktuell
auch in unserem Newsletter zum Verlagsprogramm,
zu Neuerscheinungen und Aktionen.
Einfach anmelden unter www.st-benno.de
(newsletter@st-benno.de)

ISBN 978-3-7462-3450-2

© St. Benno-Verlag GmbH
Stammerstr. 11, 04149 Leipzig
Zusammenstellung: Volker Bauch, Leipzig
Umschlaggestaltung: Ulrike Vetter, Leipzig
Umschlagabbildung: © Ronnie Kaufman / CORBIS
Gesamtherstellung: Kontext, Lemsel (A)

Inhaltsverzeichnis

Möge der Schutzengel dein guter Begleiter sein

Alle Engel des Himmels,
   Christa Spilling-Nöker   10
Der Schutzengel, Keltisches Gebet   11
Seelenreise mit dem Schutzengel,
   Anna Katharina Emmerick   12
Die Stimme des Schutzengels,
   Christian Morgenstern   14
An den Engel I und II, Werner Bergengruen   15
Der Schutzengel, Werner Bergengruen   18
Mein Schutzengel, Uwe Seidel   29

Der Engel der Stille schenke dir Kraft und Trost

Ode an die Engel, René Schickele   34
See, Baum, Berg, Hermann Hesse   38
Ich ließ meinen Engel lange nicht los,
   Rainer Maria Rilke   41
Die Flöte Davids, Theophan der Mönch   42
Geduld, Carl Johann Philipp Spitta   45
Wenn Gott seinen Engel zur Seele sendet,
   Meister Eckart   47

Es gibt noch Engel in der Welt,
      Phil Bosmans   48

Die Visite, Hans Magnus Enzensberger   50

Das letzte Gespräch, Marion Gräfin Dönhoff   51

An meinen Engel, Gerhard Schöne   60

Möge der Engel von Glück und Dank in deinem Herzen sein

Der Engel der Dankbarkeit, Anselm Grün   64

Das Geschenk, Clemens Bittlinger   68

Kehrseite, Charles Baudelaire   74

Wozu braucht ein Engel Flügel,
      Alfred Polgar   76

Bist du ein Engel?, Jürgen Werth   79

Die Engel, meine Brüder,
      Dom Hélder Câmara   81

Ich bin vergnügt, Hanns Dieter Hüsch   82

Der Engel im Garten,
      Sybil Gräfin Schönfeldt   83

Einer, der glücklich macht, Jörg Zink   88

Der Engel des Lichts schenke dir Hoffnung und Zuversicht

Führe du mich, John Henry Newman   92

Die Ballade von meiner Bibel,
      Helmut Gollwitzer   93

Segen für dein Leben,
      Irischer Segenswunsch 95
Chagalls Engel, Paul Konrad Kurz 96
Petersburger Engel, Marc Chagall 98
Der Engel, Michail Lermontov 100
Wenn ihr nicht werdet wie die Kinder,
      Romano Guardini 101
Unter der Hülle der sichtbaren Welt,
      John Henry Newman 105
An die Engel, Hildegard von Bingen 107
Der Mann im Apfelbaum, Siegfried Lenz 109
Lichtwesen, Uwe Seidel 117

Der Engel des Mutes schenke dir Kraft für alle Zeit

Der Laden, Gerhard Schöne 122
Das Gebet, Leo Tolstoi 124
Tagesthemen, Anne Steinwart 136
Der Engel und die Weltherrschaft,
      Martin Buber 137
Mögest du von Engeln umgeben und behütet sein,
      Christa Spilling-Nöker 140

✳ ✳ ✳ ✳ ✳ ✳ ✳ ✳ ✳ ✳ ✳ ∞ ✳ ✳ ✳ ✳ ✳ ✳ ✳ ✳ ✳ ✳

Möge der
Schutzengel dein
guter Begleiter sein

Alle Engel des Himmels

Christa Spilling-Nöker

Alle Engel des Himmels
mögen dich umgeben mit ihrem Glanz
und deine Dunkelheit erleuchten
mit lichten Gedanken.

Sie mögen dich tragen,
wo deine Schritte
weder Weg noch Ziel wissen
und du dich nur noch schleppend
fortbewegen kannst.

Sie mögen dich schützen und bewahren
vor allen Gefahren,
die in dieser Welt auf dich lauern,
und vor allem Dunklen,
das dir so ungewiss ist in dir selbst.

Sie mögen dir deine Last tragen helfen,
deine Schmerzen abklingen
und deine Wunden heilen lassen,
deine Schuld vergeben
und deine Angst auflösen in Freude,
dass alles in dir wieder heil wird
und leicht.

Der Schutzengel

Keltisches Gebet

Du Engel Gottes, der du für mich bestellt bist
vom lieben Vater der Barmherzigkeit,
als Hüter gleichsam über die Schar der Heiligen
die Runde zu machen um mich diese Nacht;
Entferne von mir jegliche Versuchung und Gefahr,
umgib mich auf dem Meer der Unrechtmäßigkeit,
und den Engen, Krümmungen und Meeresstraßen,
bewahre mein kleines Boot, bewahre es immerdar.
Sei du eine helle Flamme vor mir,
sei du ein leitender Stern über mir.
Sei du ein glatter Pfad unter mir,
und sei ein freundlicher Hirte hinter mir,
am heutigen Tag, in dieser Nacht und immerdar.
Ich bin müde und ein Fremder,
führe du mich zum Lande der Engel;
denn Zeit ist es für mich heimzukehren
zum Hofe Christi, zum Frieden des Himmels.

Seelenreise mit dem Schutzengel

Anna Katharina Emmerick

Wenn mein Führer zu mir tritt, mich auf irgendeine Reise zu leiten, sehe ich meistens zuerst einen Schimmer und dann tritt seine Gestalt plötzlich leuchtend aus der Nacht, als wenn man eine Blendleuchte nachts auf einmal öffnet. Wenn wir reisen, ist es Nacht über uns, an der Erde aber ein Schein. Wir reisen gewöhnlich von hier durch bekannte Gegenden nach immer ferneren aus, und habe die Empfindung ungemeiner Entfernung. Bald geht es auf graden Straßen, bald quer über Felder, Berge, Flüsse und Meere. Ich muss allen Weg mit den Füßen messen, oft mit Anstrengung steile Berge hinanklimmen, meine Knie sind dann schmerzlich ermüdet, meine Füße brennen, ich bin immer barfüßig. Bald vor, bald neben mir schwebt mein Führer, ich sehe nicht, als bewege er die Füße. Er ist sehr schweigsam, und ohne viel Bewegung, außer dass er seine kurzen Antworten mit der Hand, oder dem Neigen des Hauptes begleitet. – Auch im wachenden Zustande habe ich ihn schon gesehen; doch habe ich es noch nie jemandem erzählt. – Wenn ich spät im finstern Winter, abends um 6 Uhr aus der Seelenandacht und den Laudes kommend die Jesuitenkirche in Coesfeld verließ, und durch Nacht, Regen und Schneegestöber über Feld nach unserm Haus in Flamske ging, und es ward mir bange und ich flehte zu Gott, dann sah ich bald einen Schein wie eine Flamme vor mir schweben, welche eines Jünglings Gestalt hatte. Sogleich war dann der Weg unter mir trocken, es war hell um mich, es regnete und schneite nicht auf mich, und ich kam ganz trocken nach Haus, wenn es gleich die ganze Nacht geregnet hatte. – Auch auf meiner Zelle, wenn ich Betrübnis hatte und das Licht beim Beten auslöschte, stand er oft leuchtend bei mir. Doch hat er im Wachen nie mit mir gesprochen, ich weiß, dass diese Erscheinung kein Mensch war und dass er mein Schutzengel ist. – Wenn ich für andre Leute bete, so sende ich ihn oft zu dem Engel anderer, wenn er nicht da ist. Manchmal auch, wenn er da ist, sage ich zu ihm: Nun will ich hier bleiben, gehe du da- oder dorthin und tröste, und dann sehe ich ihn hinwandern. Wenn ich auf meinen Traumreisen an große Wasser komme und mich ängste, wie hinüberkommen, bin ich auf einmal drüben und schaue verwundert rückwärts. Wir ziehen oft über Städte hinweg.

Die Stimme des Schutzengels

Christian Morgenstern

Ich liebe dich, du Seele, die da irrt
im Tal des Lebens nach dem rechten Glücke,
ich liebe dich, die manch ein Wahn verwirrt,
der manch ein Traum zerbrach in Staub und Stücke.

Ich liebe deine armen wunden Schwingen,
die ungestoßen in mir möchten wohnen;
ich möchte dich mit Güte ganz durchdringen;
ich möchte dich in allen Tiefen schonen.

✳ ✳ ✳ ✳ ✳ ✳ ✳ ✳ ✳ ✳ ∽ ✳ ✳ ✳ ✳ ✳ ✳ ✳ ✳ ✳ ✳

An den Engel

Werner Bergengruen

I.

Wenn mich alle Liebe lässt,
Engel, halte du mich fest.

Vorersehn und beigesendet,
eh die Mutter mich empfing,
nun der Letzte von mir ging,
Engel, eh dein Amt sich endet,

Worte gib, dich zu beschwören,
Worte, dass dir nichts verbleibt
als den Rufer zu erhören,
den der Strom ins Dunkel treibt.

Bruder Engel, jede Nacht,
eh mich noch Dämonen fingen,
haben, Hüter, deinen Schwingen
Morgenröten angefacht.

Hast mich nie allein gelassen,
hast mir Blick und Hand geführt
in Entzückung und Gefahr.
Immer hab ich dich gespürt,

auch wo, deine Hand zu fassen,
meine Hand zu kraftlos war.

Hast mich brüderlich getragen
quer durch rotes Höllenland,
hast an schroffer Felsenwand
Stufen mir herausgeschlagen,
Strick und Kugeln abgewehrt,
Mauern meinem Gang gespalten,
und wie oft ich dich beschwert,
immer mir die Treu gehalten,
unbedankt und ungegrüßt.
Engel, sei du mein Geleit,
alle Straßen dämmern wüst.
Engel, reiß mich aus der Zeit.

Engel, führ mich, wie es sei,
einmal noch. Dann bist du frei.

Nimm von meiner Brust den Stein.
Lass mich, Engel, nicht allein.

II.

Lass mich, Engel, nicht allein,
wenn die jüngste Kerze lodert,
aufgezehrt und hingemodert
schwankt und schüttert mein Gebein.
Engel, lass mich nicht allein.

Lass mich, Engel, nicht allein,
wenn die letzte Nacht sich rötet.
Dass den Tod das Leben tötet,
präge jeder Ader ein.
Engel, lass mich nicht allein.

Lass mich, Engel, nicht allein,
wenn die bittren Wasser springen,
bis an Kinn und Lippen dringen,
wandle sie in Hochzeitswein.
Engel, lass mich nicht allein.

Lass mich, Engel, nicht allein,
alle Freunde sind im Weiten,
keiner mehr darf mich begleiten,
du nur, du darfst bei mir sein.
Engel, lass mich nicht allein.

Lass mich, Engel, nicht allein,
Führ aus Leib und Sterbehemde
in das ungeheure Fremde,
in den Ursprung mich hinein.
Engel, lass mich nicht allein.

Der Schutzengel

Werner Bergengruen

In den neunziger Jahren, so erzählte mein Onkel, schickte ich mich zu meiner ersten Auslandsreise an. Bis dahin war ich über die Grenzen unserer Ostseeprovinzen noch nicht hinausgekommen, abgesehen von einem kurzen Besuch in Petersburg und von der Freiwilligenzeit, die ich bei den Dragonern in Suwalki verbrachte.

In der letzten Nacht vor der Ausreise von Riga hatte ich einen Traum von größerer Deutlichkeit als sie Träumen insgemein eigen ist. Ich ging die Alexanderstraße entlang, die merkwürdig unbelebt war. In der Ferne sah ich einen Wagen, mit einem weißen und einem braunen Pferde bespannt; er näherte sich rasch. Jetzt meinte ich in den Pferden den Schimmel des Stabstrompeters aus Suwalki und den Braunen meines Wachtmeisters zu erkennen, aber da begannen sie sich zu verdunkeln und wurden nun zu Rappen. Sie trugen Trauerschabracken und nickende schwarze Pleureusen. Der Kutscher war im Dreimaster und in einem weitfaltigen pelerinenartigen Trauermantel, aber neben ihm saß ein grüngekleideter Mann auf dem Bock. Hierüber wunderte ich mich, und auch die einem Leichenwagen wenig angemessene Fahrtgeschwindigkeit hatte etwas Befremdendes.

Mit einem Male fühlte ich, dass zwischen diesem Fuhrwerk und mir eine Verbindung bestand. Im gleichen Augenblick lenkte es schräg über die Straße auf mich zu. Ich sah jetzt, dass ich es mit einem richtigen Leichenwagen zu tun hatte, und nun hielt er auch mit einem plötzlichen Ruck an; er hielt unmittelbar vor mir. Der Diener sprang vom Bock. Ich gewahrte, dass er einen langschößigen grünen Livreerock mit blanken Knöpfen und goldenen Ärmeltressen anhatte; auch das kleine grüne Käppi war mit goldenen Borten besetzt.

Es war ein Mann über Mittelgröße; er hatte ein blasses, längliches, glattrasiertes Gesicht. Die braunen Augen hatten einen Ausdruck munteren Erstaunens, die Lippen waren voll, aber nicht sehr farbig, die rötlichen Ohren standen ab. Am Kinn, dessen wenig hervortretende Formen etwas kindlich Liebenswürdiges hatten, befand sich eine rundliche rote Narbe, etwa in der Größe eines Rubelstücks. Der ganze Eindruck war ein angenehmer. Später habe ich mich gewundert, dass alle diese Einzelheiten sich mir so unverwischt und wahrnehmlich zur Schau stellten; dergleichen ist in Träumen nicht gewöhnlich.

Ich sah jetzt, dass der schwarze Wagen, obwohl er

doch unanzweifelbar ein Leichenwagen war, etwas von einer altväterischen Kalesche hatte, wie sie bei uns auf dem Lande häufig in Benutzung waren. Der Diener nahm sein Käppi ab und öffnete den Schlag. Hierbei sah er mich an und lächelte, und dieses Lächeln hatte etwas höflich Gewohnheitliches und zugleich wiederum eine Beimischung von natürlicher Herzlichkeit.

Es war klar, dass ich zum Einsteigen aufgefordert wurde.

Ich fühlte mich angelockt und abgestoßen zugleich. Ich stand verlegen und schwankte. Plötzlich überkam mich eine Empfindung äußersten Widerwillens. Obwohl ich nichts sagte und sie auch durch keine Gebärde ausdrückte, schien sie sich dem Diener sofort mitzuteilen. Ohne den angenehmen Ausdruck seines Gesichts irgendwie zu ändern, schloss er den Schlag, setzte sein Käppi auf und stieg wieder zum Kutscher auf den Bock. Der Wagen fuhr augenblicks in scharfem Trabe davon. Dieser Gangart zum Trotz drückte er jedoch vollständig und jedes Missverständnis unmöglich machend alle Eigentümlichkeiten eines Leichenwagens aus, ohne dass ich zu sagen vermöchte, auf welche Art dies geschah.

Als wäre der Ruck, mit dem das Gefährt sich in Bewegung setzte, durch mich selber hindurchgegangen, spürte ich ein Zucken und erwachte. Es war noch dunkel. Eine Weile dachte ich meinem Traume nach und wunderte mich über die Schärfe, mit welcher die Erscheinung und die Gesichtszüge des Livreebedienten sich mir eingeprägt hatten. Dann ermüdete ich und schlief abermals ein.

Am Abend reiste ich ab. Ohne mich in Deutschland aufzuhalten, fuhr ich geradenwegs nach Paris. Ich brauche meine Gemütsverfassung nicht zu schildern, ein jeder wird sie sich nachbilden können. Wie Paris auf mich wirkte, wie die Unermesslichkeit der Überwältigungen mich beglückte und bedrängte, bis sich endlich ein Gleichgewicht bilden wollte, das gehört nicht in diesen Zusammenhang. Genug, dass ich bestrebt war, mir alles Neue anzueignen, auf welchen Gebieten es auch sein mochte.

Zu diesem Neuen gehörte, obzwar keineswegs an hervorragender Stelle, auch eine Gattung von Kaufhäusern, wie sie damals noch ungewöhnlich war, riesige, durch mehrere Stockwerke sich erstreckende, zahllosen Bedürfnissen Genüge tuende Magazine, in denen der Verkehr zwischen den einzelnen Geschossen vermittels des Lifts bewerkstelligt wurde. Auch dies war mir noch etwas durchaus Neues. Ich muss gestehen, dass ich am Liftfahren ein kindliches, oder nenne man es denn: kindisches, Vergnügen fand; ja, gewissermaßen setzte es das Karussellfahren meines ersten Lebensjahrzehnts auf eine um ein weniges erwachsenere Weise fort.

Eines Tages, es mag zu Beginn meiner zweiten Pariser Woche gewesen sein, betrat ich ein solches Warenhaus und stellte mich in Erwartung des Lifts im Vorraume auf. Er kam, die Fahrgäste stiegen aus, es entstand ein Gedränge und legte sich wieder.

Ich näherte mich dem Lift und hatte Mühe, einen Ausruf zu unterdrücken. Denn der neben dem Eingang stehende Fahrstuhlführer trug einen langen grünen Livreerock mit blanken Knöpfen und goldenen Ärmeltressen und in der Hand hielt er ein grünes Käppi mit goldenen Borten. Ja, er war in der Tat genauso gekleidet wie der Bediente, der in meinem Traume vom Bock des Leichenwagens gesprungen war. Aber auch seine Haltung und Verrichtung entsprachen denen jenes Traumbedienten, denn er stand seitwärts neben der geöffneten Fahrstuhltür und forderte lächelnd zum Einsteigen auf. Und dieses Lächeln in seiner halb gewerbsmäßigen, halb aus der natürlichen Beschaffenheit des Mannes fließenden Art, war ebenfalls das Lächeln, dessen ich mich aus meinem Traume so wohl entsann.

Ich machte diese Beobachtungen während der wenigen Schritte, die mir bis an die Tür des Aufzuges zurückzulegen blieben. Meine Betroffenheit wuchs; aber fast fühle ich mich außerstande, die Gemütsverfassung zu schildern, in welcher ich zuletzt vor dem Liftbedienten stand und ihn nun Zug um Zug wiederzuerkennen hatte. Ja, das war das längliche, blasse, glattrasierte Gesicht, das waren die munter erstaunten Augen, die breiten, aber unfarbigen Lippen, die rötlichen, abstehenden Ohren. Und auf der linken Kinnhälfte befand sich die rote, runde, rubelgroße Narbe, eben jetzt von einem durchs Fenster fallenden Sonnenstrahl berührt.

Ich erinnere mich genau, dass ich nun sofort an den bekannten Gedächtnisirrtum dachte, auf Grund dessen man im Augenblick einer Wahrnehmung oder eines Erlebnisses die Vorstellung hat, diese Wahrnehmung oder dieses Erlebnis bereits in einem Traume vorweggenommen zu haben, – ein Irrtum, dem besonders diejenigen ausgesetzt sind, die ihren Träumen und deren Zusammenhang mit den Vorfallenheiten des wachen Lebens eine nicht ganz geringe Aufmerksamkeit zukehren. Aber sofort wurde es mir mit bestürzender Deutlichkeit klar, dass, was jeden Irrtum abwies, ja nicht nur die Schärfe meiner Erinnerung war; sondern in noch höherem Maße tat dies der Umstand, dass ich meiner Mutter und einer meiner Schwestern gleich am Morgen danach jenen Traum erzählt hatte.

Ich konnte jetzt meine Blicke von dem Fahrstuhlführer nicht lösen. Aber zugleich fühlte ich die völlige Unmöglichkeit, jenes Behältnis, an dessen Stelle ich im Traume den Leichenwagen erblickt hatte, zur Fahrt zu betreten.

Der Liftführer sah sich um wie ein Auktionator, bevor er den Hammer hebt. Dann verschwand er im

Gehäuse und schloss die Tür. Ich ging, sehr mit meinen Gedanken beschäftigt, in die Verkaufshalle; hinter mir hörte ich den Aufzug mit ruckhaftem Summen abfahren. Ich beschloss, die Bekanntschaft des Liftführers zu machen und dem Zusammenhang auf den Grund zu kommen. So unwahrscheinlich es anmuten mochte, – der Mann musste mir irgendwo begegnet sein, in Riga oder in Petersburg. Ich hatte ihn vielleicht auf der Straße gesehen und nur scheinbar wieder vergessen. Er hatte sich einer tiefer gelegenen Schicht meines Inneren eingeprägt, und der Traum hatte ihn aus dieser nach oben steigen lassen – ein sonderbares Geflecht von Zufälligkeiten!

Ich war eine Weile im Erdgeschoss umhergeschlendert, als ich bemerkte, dass eine eigentümliche Unruhe sich auszudehnen begann; es war, als verbreite sich eine Nachricht. Zugleich wurde die Menge der Umherstehenden und Umhergehenden von einer Bewegung erfasst, die bald eine bestimmte Richtung erkennen ließ; auch ich konnte mich ihr nicht entziehen. Die Unruhe stieg, erschrockene Ausrufe und Aufschreie erhoben sich. In der Vorhalle staute sich die Bewegung; offenbar war eine Absperrung vorgenommen worden. Die Leute redeten sehr aufgeregt; endlich verstand ich, dass mit dem Lift ein Unglück geschehen war.

Es dauerte eine Weile, bis sich mir ein Bild des Ereignisses darstellte: es war etwas gerissen oder gebrochen, und der Aufzug war abgestürzt, damals waren gewisse, selbsttätig sich einschaltende Sicherheitsvorkehrungen ja noch nicht im Gebrauch. Es wurde von Schwerverletzten und Toten gesprochen; unter den vom Leben Gekommenen war, so hieß es, der Fahrstuhlführer.

Ich verließ das Kaufhaus in großer Erregung. Einige Stunden trieb ich mich auf den Straßen umher. Am Nachmittag kehrte ich ins Warenhaus zurück. In der Vorhalle wurde gearbeitet. Es sah aus, als würde ein beliebiger Schaden in Ordnung gebracht.

Ich ging ins Büro und wurde höflich empfangen. Man bestätigte mir, was ich gehört hatte. Ich fragte nach dem Fahrstuhlführer und erhielt seine Adresse; er hieß Auguste Parmentier, war neununddreißig Jahre alt, unverheiratet und aus Paris gebürtig. Seit zwei Jahren stand er im Dienst des Kaufhauses.

Ich fuhr zu seiner Wohnung. Plötzlich kam mir ein Gedanke, bei dem es mir heiß wurde. Nämlich ich sagte mir, selbst wenn es sich herausstellen sollte, dass er gleichzeitig mit mir in Petersburg gewesen war, so blieb es doch höchst unwahrscheinlich, dass er dort die gleiche Livree wie hier im Warenhaus getragen haben konnte. Allein wie auch alle diese Zusammenhänge sich klären mochten, dies blieb gewiss, dass ich ohne jenen Traum in den Aufzug gestiegen wäre und das Schicksal der Fahrgäste geteilt hätte.

Parmentier hatte ein sehr einfaches Zimmer in einer bescheidenen Gegend bewohnt. Die Wirtin, eine unsaubere und redselige Frau, erklärte, er habe seit acht Jahren bei ihr gewohnt und in dieser Zeit nur zweimal, und bloß auf wenige Tage, Paris verlassen. Ich sagte verwirrt, ich hätte gern etwas für ihn getan. Aber es gab keine Hinterbliebenen und auch keine nähere Verwandtschaft. Schließlich beglich ich eine kleine Rechnung, die bei der Wirtin noch offen stand. Ich forschte weiter, ich ging zur Polizei, man wies mich hierhin und dorthin. Auch im Büro des Warenhauses hielt ich noch einmal Nachfrage. Zuletzt lagen die äußeren Merkmale des jäh beendeten Daseins wahrnehmlich vor mir. Es blieb dabei, dass Parmentier während seiner Warenhaustätigkeit, und das bedeutete: als Träger der grünen Uniform, niemals von Paris fortgekommen war.

Das Begräbnis wurde von der Direktion veranstaltet. Ich folgte dem Sarge, ich legte einen Kranz nieder und empfand bekümmert das Unzulängliche, ja, Armselige dieser Gebärde.

Paris erschien mir verändert und verhängt. Es war nicht mehr die strahlende Stadt des Lebens, es war nichts als der gleichgültige Schauplatz eines Geschehnisses, das ich weder aufzulösen noch fruchtbar zu machen wusste. Es war mir, als müsste alles besser sein, wenn es mir gelänge, einen Dienst am Andenken des Toten zu verrichten und solcherma-

ßen der dunklen, zwischen ihm und mir schweben-
den Verbundenheit einen Ausdruck zu gewähren.

In meiner Ratlosigkeit ging ich schließlich zu einem
Priester, entrichtete eine Gebühr und bat ihn, für Auguste Parmentier Messen zu lesen.

Ich hatte eine Scheu zu überwinden gehabt, bevor
ich das Pfarrhaus neben der vorstädtischen Kirche
betrat, auf das ich durch einen Zufall aufmerksam
geworden war. Ich hatte in der mir zu Hause übermit-
telten Vorstellung gelebt, es gebe unter den Geistli-
chen der katholischen Kirche zwei Gattungen, die di-
cken und die dünnen, oder, anders ausgedrückt: die
behaglichen Tischfreunde und die düsteren Zeloten,
und beide zogen mich nicht an. Jetzt fand ich einen
unterrichteten Mann von guter Mittelgestalt und an-
genehm weltläufigen Umgangsformen. Nachdem
ich mein Anliegen vorgebracht hatte, redeten wir
noch ein paar Worte miteinander, und zu meiner eigenen Überraschung entschloss ich mich plötzlich,
ihm mein Erlebnis zu erzählen. Der Priester hörte
mich mit vorgeneigtem Kopfe an. Dann sagte er, als
spreche er von etwas Natürlichem und Selbstver-
ständlichem: »Es gibt hier nur eine Erklärung, mein
Herr. Ich weiß nicht, wie Sie darüber denken, aber es
ist mir nicht zweifelhaft, dass Ihr Schutzengel sich
für jenen Traum der Gestalt des Parmentier bedient
hat.«

Ich erinnere mich noch genau, welch starken Eindruck mir die Unbefangenheit machte, mit welcher er diese Erklärung vorbrachte. Sein Gedanke war mir fremd, schließlich aber kam ich zu der Meinung, der Sachverhalt lasse sich in der Tat nicht besser ausdrücken als auf diese theologische und zugleich kindlich anmutende Weise; und ich ließ es nur dahingestellt sein, ob die behütende Macht, welche der Priester mit dem Namen Schutzengel bezeichnete, etwas in mir selber oder etwas außerhalb meiner Wirkendes sein mochte. Doch erinnerte ich mich zugleich nicht ohne Betroffenheit daran, dass ja seinerzeit mein Konfirmationsspruch, an den ich freilich seit Jahren nicht mehr gedacht hatte, der folgende gewesen war: »Er wird seinen Engeln über dir Befehl tun, dass sie dich auf ihren Händen tragen und du deinen Fuß nicht an einen Stein stoßest.«

Mein Schutzengel

Uwe Seidel

Er bewahrt nicht nur
meinen Leib und mein Leben;
das wäre zu wenig –
obwohl das schon sehr viel bedeutet.
Er ist auch die Stimme Gottes,
die mich anspricht und oft in mir wohnt –
wenn ich es nur zulasse.

Mein Schutzengel
hilft mir, nicht nur mit dem Verstand zu denken,
sondern auch mit dem Herzen,
mit meiner Seele zu empfinden,
um dann die richtigen Entscheidungen zu treffen.

Mein Schutzengel
wird mir zum inneren Meister.
Er schärft meine Empfindungen für gute Menschen
und warnt mich vor schlimmen Leuten.
Er führt mich »auf rechter Straße
und leitet mich aus finsteren Tälern«.
Er drängt sich nicht auf,
aber er reagiert auf Anrufung.

Mein Schutzengel
übermittelt mir Botschaften:
»Gott lässt dich nicht allein!«
und »Gott schütze dich«.
Manchmal aber schüttele ich mit dem Kopf
über seine ungewöhnlichen Eingebungen;
Eingebungen, die sich hinterher als die besten
erweisen, weil sie mich aus dem Einerlei
herausheben.

Mein Schutzengel
teilt mir mit,
was als GROSS und was als KLEIN zu gelten hat;
was den Hauch der Ewigkeit atmet,
was kurzatmig und vorläufig ist
und was für mich wenig Bestand hat.

Mein Schutzengel
drängt sich nicht auf,
mischt sich nicht ungebeten ein.
Wenn ich aber bete,
ihn bitte in Gedanken, Worten und Gesten,
dann ist er für mich da und behütet mich.
Besonders die kleinen Leute umsorgt er,
die einfachen, die kleinen und die großen Kinder –
zu denen ich »Gott sei Dank!« auch gehöre.

✳ ✳ ✳ ✳ ✳ ✳ ✳ ✳ ✳ ✳ ✳ ✳ ✳ ✳ ✳ ✳ ✳ ✳

Der Engel
der Stille schenke dir
Kraft und Trost

Ode an die Engel

René Schickele

Ihr wart das erste, was ich sah
von der großen Welt!
Kunde von den breiten Strömen,
von den tiefen Wäldern
und der Ebene dazwischen,
die mit ihrer Seelenglut,
was war und ist, erhellt.
Dort brannte lichterloh die Liebe
aller Menschen,
die je geliebt,
heller als die Sonne,
länger als Erde und Sterne,
in Ewigkeit.
Dort wart ihr zu Hause, von dort
kamt ihr zu uns.
Eure Hand kannte jede Stelle,
wo ein Herz schlug.
Eure Flügel deckten jedes Leiden.
Eure Stirn leuchtete
von den vielen Geheimnissen der Lebenden,
die ihr geduldig wusstet,
und von der Seligkeit der Toten.

Eine leise Trauer in Euren Augen
machte Euch besonders schön:
das Wissen um die Verdammten.
Ich hab Euch gesehn,
leibhaftig gesehn!
Ihr knietet neben mir im Gebet,

Ihr standet im Zimmer,
wenn ich nachts erwachte.
Ich schickte Euch, meine Freunde beschützen.
Ihr setztet Euch mit übergeschlagenen Beinen,
unendlich ernst, wie eine ältere Schwester,
auf mein Bett und teiltet
meine ersten Liebesnöte.
Wie eine ältere Schwester, ja, aber
Ihr wart zugleich nicht älter als ich
und meine kleinen Freundinnen,
Ihr trugt offenes Haar
und einen kurzen Rock
und gabt mir Eure weichen Hände
zum Kosten: »Soviel du willst!«
Ich legte sie unter mich, an mein Herz,
wie schlief ich ein!

Später wart Ihr überall,
wo Taten vollbracht wurden.

Gewalttaten aller Art,
Taten, die zum Himmel brannten.
Ihr zeigtet Euch einem, prächtig gekleidet
in seinen Entsagungen, die andre nicht
kannten.
Ihr wart furchtbar und wart zart.
Ihr wart, wo Menschen die wilden Funken
aus der Erde zogen,
wo Samen über die Furchen flogen,
wo die Schalen von Früchten platzten,
bei schwellenden Traubenstöcken,
an reifen Feldern, die rot und schwer
unter einem nassen Himmel
wie Sauerteig aufgingen —
und in allen Frauenröcken.

Von stählernem Glanz umwittert
taucht Ihr aus den Staubwolken
hinter den Automobilen auf,
man hört Euern Gesang,
der wie hohe Harfentöne
im Luftzug zittert.
Ihr lächelt den Fliegern zu,
die sich neben Euch erheben,
Ihr seid da, wenn sie wiederkommen,
und Euer Mund ist irdisch rot

vor ihnen, die sich das Licht und den Schrecken
der Himmel mit beiden Händen
aus dem Antlitz streichen,
irdisch rot Euer Mund und halb geöffnet,
und Eure Hüften sind gebogen,
damit sie, noch an ihrem Sitze festgebunden,
gleich aufatmend froh
die Früchte der Erde erkennen.
Ihr seid der Schwung hinauf und hinüber,
seid alles, was stärker ist als der Tod.

See, Baum, Berg

Hermann Hesse

Es war einmal ein See. Über den blauen See und den blauen Himmel hinweg ragte grün und gelb ein Frühlingsbaum. Jenseits ruhte der Himmel still auf dem gewölbten Berge.

Ein Wanderer saß zu Füßen des Baumes. Gelbe Blütenblätter sanken auf seine Schultern. Er war müde und hatte die Augen geschlossen. Traum sank von dem gelben Baume auf ihn herunter.

Der Wanderer wurde klein und war ein Knabe, hinterm Hause im Garten hörte er seine Mutter singen. Er sah einen Falter fliegen, gelb und süß, freudiggelb im blauen Himmel. Dem Falter lief er nach. Er lief über die Wiese, er lief über den Bach, er lief an den See. Da flog der Falter hoch überm hellen Wasser weiter, und der Knabe flog ihm nach, schwebte hell und leicht, flog glücklich durch den blauen Raum. Sonne schien auf seine Flügel. Er flog dem Gelben nach und flog über den See und über den hohen Berg, da stand auf einer Wolke Gott und sang. Um ihn her waren die Engel, und einer von den Engeln sah aus wie des Knaben Mutter, und hielt eine grüne Gießkanne über ein Beet mit Tulpen geneigt, daß sie trinken konnten. Zu ihm flog der Knabe, und war auch ein Engel, und umarmte seine Mutter.

Der Wanderer rieb sich die Augen, und schloß sie wieder. Er brach eine rote Tulpe und steckte sie seiner Mutter an die Brust. Er brach eine Tulpe und steckte sie ihr ins Haar. Engel und Schmetterlinge flogen, und alle Vögel und Tiere und Fische der Welt waren da, und welchen man bei seinem Namen rief, der kam her und flog dem Knaben in die Hand und gehörte ihm, ließ sich streicheln, ließ sich befragen, ließ sich weiterschicken.

Der Wanderer erwachte und dachte an den Engel. Er hörte vom Baum die feinen Blätter rieseln, und hörte im Baum das feine, stille Leben in goldenen Strömen auf und nieder steigen. Der Berg sah zu ihm herüber, dort lehnte Gott in einem braunen Mantel und sang. Man hörte sein Lied über die gläserne Seebreite herüber. Es war ein einfaches Lied, es vermischte sich und klang zusammen mit dem leisen Strömen der Kräfte im Baum, und mit dem leisen Strömen des Blutes im Herzen, und mit den leisen goldenen Strömen, die aus dem Traume her durch ihn hin rannen. Da fing er selber an zu singen, langsam und gedehnt. Sein Lied war ohne Kunst, es war wie Luft und Wellenschlag, es war nur ein Summen und bienenhaftes Brummsen. Das Lied gab dem singenden Gott in der Ferne Antwort, und dem singenden Strom im Baum, und dem rinnenden Gesang im Blut.

Lange sang der Wanderer so vor sich hin, wie eine Glockenblume im Frühlingswind vor sich hin läutet und wie eine Heuschrecke im Gras Musik macht. Er sang eine Stunde lang, oder ein Jahr. Er sang kindlich und göttlich, er sang Schmetterling und sang Mutter, er sang Tulpe und sang See, er sang sein Blut und das Blut im Baume.

Als er weiterging und gedankenlos in das warme Land hineinlief, fiel ihm allmählich sein Weg und sein Ziel und sein eigener Name wieder ein, und daß es Dienstag war, und daß drüben die Bahn nach Mailand lief. Nur ganz in der Ferne hörte er noch singen, über den See herüber. Dort stand Gott im braunen Mantel und sang noch immer, aber der Wanderer verlor den Ton mehr und mehr aus dem Gehör.

✶ ✶

Ich ließ meinen Engel
lange nicht los
Rainer Maria Rilke

Ich ließ meinen Engel lange nicht los
und er verarmte in meinen Armen
und wurde klein, und ich wurde groß:
und auf einmal war ich das Erbarmen
und er eine zitternde Bitte bloß.

Da hab ich ihm seine Himmel gegeben, –
und er ließ mir das Nahe, daraus er entschwand,
er lernte das Schweben, ich lernte das Leben
und wir haben langsam einander erkannt ...

Die Flöte Davids

Theophan der Mönch

Einmal, als ich noch klein war, ging ich zum Kloster jenseits der Zeit. Ein alter Mönch saß unter einem Baum und spielte auf einer Flöte. Ich war ganz davon in Bann geschlagen. Als er sein Spiel beendet hatte, rief ich entzückt: »Das klingt ja ganz weihnachtlich! Magst du mir eine Weihnachtsgeschichte erzählen?«

»Sieh mal an!« Er lachte. »Weihnachten? Ich bin dabei gewesen! Ich war wirklich leibhaftig dabei, mein Junge. Setz dich nur, nimm Platz. Die anderen sind es längst leid, meine Geschichte immer wieder anzuhören. Bist du soweit? Also pass auf, es war so: Damals hatte ich zwei Flöten. Auf der einen spielte ich am Tag, auf der anderen in der Nacht. Diejenige, auf der ich tagsüber spielte, war eine ganz gewöhnliche Flöte, wie du sie auch kennst. Diejenige aber, auf der ich während der Nacht spielte, war etwas ganz Besonderes. Für menschliche Ohren war sie nicht zu hören – so kamen die anderen Hirten ungestört zu ihrem Schlaf. Aber nun gib Acht: Die Engel konnten sie hören. Ungelogen. Die Engel hörten sie, und jedes Mal, wenn ich spielte, kamen sie in Scharen.

Ich hatte etliche Freunde unter den Engeln. Hast du auch ein paar Engelfreunde?

Jetzt pass auf. Eines Nachts, ich hatte soeben aufgehört zu spielen, entschwanden die Engel wieder – bis auf einen. Er rückte näher. In seinen Augen schimmerte etwas Unergründliches. Er beugte sich vor und flüsterte mir ins Ohr. Das Große Geheimnis! Unglaublich! Das Große Geheimnis!

Am folgenden Abend brachte ich die anderen Hirten dazu, mit mir zu kommen. Ich verriet ihnen nicht mehr, als dass ein Kind geboren war, denn Kinder liebt jeder. Kaum angekommen, gingen sie schnurstracks hinein, um das Neugeborene gebührend zu bestaunen und den frisch gebackenen Eltern zu gratulieren. Ich indes – ich fiel platt aufs Gesicht. Was hätte ich sonst tun können?

Nach einer Weile zupfte mich der Vater am Bein. ›Wie ich sehe, hast du da zwei Flöten bei dir‹, sprach er mich an. ›Würdest du dem Kind etwas vorspielen?‹

›Um Gottes willen, nein!‹, wehrte ich ab – ›dafür ist keine von beiden zu gebrauchen. Die eine taugt bloß für Menschen, die andere bloß für Engel.‹

›Verstehe‹, lachte der Vater. ›Weißt du, ich bin Zimmermann, und das war mein Vater auch schon. Aber einer unserer Vorfahren war Hirt wie du. Der war auch ein großer Flötenspieler. Als er jedoch König geworden war, fand er, das sei jetzt nichts mehr für ihn. Er hat die Flöte irgendwo weggeschlossen. Nach seinem Tod entdeckte man sie wieder. Seitdem ist sie Generation für Generation vom Vater an den Sohn weitergegeben worden. Man sagt, sie sei für den Guten Hirten bestimmt. Bisher habe ich noch niemanden darauf spielen lassen, aber heute Abend ist es etwas anderes. Hier, nimm sie. Bitte spiel!‹

Ich spielte. In jener Nacht gingen den Engeln die Ohren über, das kannst du mir glauben! Das war meine große Stunde. *Alle* Engel habe ich angelockt, und alle Sterne dazu.

Der Zimmermann hat mir die Flöte geschenkt. Diese hier.

Jetzt komme ich in die Jahre. Eigentlich würde ich sie gern an jemanden weitergeben. Aber meinst du, einer wollte sie haben? Alle geben sie Worten den Vorzug! Stell dir vor – sie glauben tatsächlich, sie könnten das Große Geheimnis mit Worten verkünden!«

✳ ✳

Geduld

Carl Johann Philipp Spitta

Es zieht ein stiller Engel
durch dieses Erdenland,
zum Trost für Erdenmängel
hat ihn der Herr gesandt.
In seinem Blick ist Frieden
und milde, sanfte Huld,
O, folg ihm stets hienieden,
dem Engel der Geduld!

Er führt dich immer treulich
durch alles Erdenleid,
und redet so erfreulich
von einer schönern Zeit.
Denn willst du ganz verzagen,
hat er doch guten Mut;
er hilft das Kreuz dir tragen,
und macht noch Alles gut.

Er macht zu linder Wehmut
den herbsten Seelenschmerz,
und taucht in stille Demut
das ungestüme Herz.

Er macht die finstre Stunde
allmählich wieder hell,
er heilet jede Wunde
gewiss, wenn auch nicht schnell.

Er zürnt nicht deinen Tränen,
wenn er dich trösten will;
er tadelt nicht dein Sehnen,
nur macht er's fromm und still.
Und wenn in Sturmestoben
du murrend fragst: warum?,
so deutet er nach oben,
mild lächelnd, aber stumm.

Er hat für jede Frage
nicht Antwort gleich bereit,
Sein Wahlspruch heißt: ertrage,
die Ruhstatt ist nicht weit!
So geht er dir zur Seite,
und redet gar nicht viel,
und denkt nur in die Weite,
ans schöne, große Ziel.

Wenn Gott seinen Engel zur Seele sendet

Meister Eckart

Wenn Gott seinen Engel zur Seele sendet,
so wird sie wahrhaft erkennend.
Die Seele ist nach Gott gebildet in ihrem obersten
Teile.
Alles, was am Engel ist, das ist nach Gott gebildet.
Darum wird der Engel zur Seele gesandt, auf dass
er sie zurückbringe zu demselben Bild, nach dem er
gebildet ist;
denn Erkenntnis fließt aus der Gleichheit.
Da nun die Seele ein Vermögen hat,
alle Dinge zu erkennen, deshalb ruht sie nimmer,
bis sie in das erste Bild kommt, wo alle Dinge eins
sind;
und dort kommt sie zur Ruhe,
das heißt in Gott.

Es gibt noch Engel in der Welt

Phil Bosmans

Engel sind Menschen, die das Licht durchlassen. Wo sie sind, wird alles hell und klar. Engel sind Menschen voller Leben, die zum Leben bringen, was tot ist. Engel sind Menschen, die ein Stück Freude aus dem Paradies mitbringen. Glaube mir: Engel sind Wesen von Fleisch und Blut, die auf unsichtbare Weise die Welt im Lot halten. Tief in ihnen fühlst du etwas von dem Geheimnis einer unergründlichen Güte, die durch alles hindurch zu den Menschen will. In ihnen wird eine Liebe fühlbar, die dich umarmen möchte.

Du hast ein Problem. Du kommst nicht klar. Und wie durch eine unsichtbare Antenne bekommt irgendjemand eine Eingebung, eine Art Befehl, sich an dich heranzumachen und dir zu helfen, dir den rettenden Tipp zu geben oder ein verstehendes, tröstendes Wort.

Du bist ein Engel, sagst du dann. Du sagst es zu einem Mann, einer Frau, einem Jungen, einem Mädchen. Geschlecht und Alter spielen keine Rolle. Es kommt etwas Gutes, etwas Herrliches zu dir. Das Leben wird hell, und alle Qual ist weg.

✳ ✳ ✳ ✳ ✳ ✳ ✳ ✳ ✳ ✳ ✳ ✳ ✳ ✳ ✳ ✳ ✳ ✳

Aber Engel kommen nicht auf Bestellung. Manchmal kommen sie unerwartet. Manchmal sind sie da und man merkt es kaum; sie zeigen dir den Weg und verschwinden wieder. Ich habe schon viele Engel getroffen. Manchmal hielten sie mitten auf der Straße an, kamen aus der Menschenmenge heraus, reichten die Hand, lösten ein Problem und verschwanden wieder im Gewühl der Straße. Mitten in der Menschenmenge, namenlos, ohne auf Dank zu warten.

Die Visite

Hans Magnus Enzensberger

Als ich aufsah von meinem leeren Blatt,
stand der Engel im Zimmer.

Ein ganz gemeiner Engel ,
vermutlich unterste Charge.

Sie können sich gar nicht vorstellen,
sagte er, wie entbehrlich Sie sind.

Eine einzige unter fünfzehntausend Schattierungen
der Farbe Blau, sagte er,

fällt mehr ins Gewicht der Welt
als alles, was Sie tun oder lassen,

gar nicht zu reden vom Feldspat
und von der Großen Magellanschen Wolke.

Sogar der gemeine Froschlöffel, unscheinbar wie er ist,
hinterließe eine Lücke, Sie nicht.

Ich sah es an seinen hellen Augen, er hoffte
auf Widerspruch, auf ein langes Ringen.

Ich rührte mich nicht. Ich wartete,
bis er verschwunden war, schweigend.

Das letzte Gespräch

Marion Gräfin Dönhoff

Auf dem Tisch vorm Kamin stehen eine Kanne Tee, zwei Tassen und ein Teller mit Häppchen von Frau Ellermann, der Haushälterin. Das Feuer brennt. Felix, der Dackel, liegt langgestreckt davor.

Friedrich Dönhoff: Machst du dir eigentlich Gedanken über den Tod?
Marion Dönhoff: Ja ... Das muss man jetzt auch. Früher bin ich gar nicht auf den Gedanken gekommen.
Und ist es unangenehm ...?
Nein, mich stört es gar nicht. Aber ich bin ja jemand, der eine starke religiöse Bindung hat. Das hilft natürlich.
Glaubst du an ein Leben nach dem Tod?
Ich habe mir nie konkrete Vorstellungen gemacht. Ich gehe aber davon aus, dass da etwas kommt. Das habe ich immer getan. Aber ob ich da jemanden wiedertreffe, das habe ich nie konkretisiert. Nein, ich finde es auch ein bisschen anmaßend, sich darüber Gedanken zu machen, denn man kann eben nicht dahinterkommen. Wozu auch? Ich denke, dass alles seine Zeit und seinen Platz hat. Warum soll ich versuchen, mich vorher da einzumischen?

Aber kannst du dir nicht auch vorstellen, dass dann einfach alles vorbei ist?

Kann man sich auch vorstellen. Aber bedenke mal, wie viele Religionen sagen: Du stirbst hier, gehst weiter, und das, was du hier gemacht hast, wirkt sich woanders aus. Nein, ich finde, da darf man nichts ausschließen.

Du hast schon mal vom Schutzengel gesprochen. Glaubst du, dass es ihn gibt?

Natürlich gibt es ihn. Ich habe einen ganz engen Schutzengel. Davon bin ich überzeugt.

Ist das ein Mann oder eine Frau?

Auch meinen Schutzengel stelle ich mir nicht konkret vor. Es ist etwas Abstraktes. Ich habe einfach die Gewissheit, dass mein Schutzengel da ist. Ich glaube an den Satz: »Wie man in den Wald ruft, so schallt es heraus.« Wenn du immerfort Katastrophen erwartest, dann werden sie auch kommen. Und wenn du Vertrauen in bestimmte Sachen hast, dann bekommst du es auch.

Aber wie denkst du über deinen Schutzengel, wenn Dinge mal nicht so laufen, wie du es gerne hättest?

Dann sage ich mir: Ich irre mich. Ich bin auf dem falschen Weg, und mein Schutzengel hat mir das gezeigt. Ich würde mir immer sagen, der Schutzengel hat recht.

Hast du schon als Kind deinen Schutzengel gehabt?

Nee, bei Kindern wird immer nur vom lieben Gott gesprochen, nicht vom Schutzengel.

Hast du denn auch an deinen Schutzengel in guten
Zeiten gedacht?

Doch, da danke ich ihm.

Also, der wird nie vergessen?

Nein, nie!

Glaubst du eigentlich an Schicksal?

Ja, sicher.

Auch so eine Art Vorbestimmung?

Na ja, also, das weiß ich nicht. Das ist wohl ein Zu-
sammenweben von Schicksal und eigenem Tun. Ich
glaube schon, dass man viel selber dazu tun muss.
(Felix steht auf und baut sich vor Marion auf. Die
beiden sehen sich an) Ja, ja, du tust auch sehr viel.
(Felix gibt einen lauten Ton von sich) Er ist außer-
gewöhnlich intelligent. Seit Jahren versucht er, die
Menschensprache zu erlernen. Er kann schon viel
verstehen, aber es reicht ihm noch nicht. (Marion
sieht ihn mitleidig an) Ja, ich weiß, es ist ein Jammer,
dass du kein Mensch geworden bist.

Du hast mal gesagt, der Zufall hätte für dich eine
besondere Bedeutung. Wieso eigentlich?

Ich kam darauf, als ich Ehrenbürgerin in Hamburg
wurde und eine Dankesrede halten musste. Ein
Freund sagte zu mir: Du musst deine Rede persön-
lich machen, sonst langweilen sich die Leute. Da
habe ich zum ersten Mal darüber nachgedacht, wie
geradlinig ich mein Leben lebe. Und da wurde mir
klar, dass ich noch nie irgendetwas geplant hatte,

sondern immer auf den Zufall gewartet habe – dann habe ich ihn gepackt und versucht, etwas Vernünftiges daraus zu machen. Viele Menschen meinen, man könne alles planen, aber das ist eben ein Irrtum. Wenn man Vertrauen in den Zufall hat und sich gewiss ist, dass es eine höhere Macht gibt, die das Leben ordnet – dann braucht man sich auch nicht so furchtbar aufzuregen. Der Zufall ist die Antithese der Planung. Es ist eine große Stütze, wenn man dieses Grundvertrauen in ihn hat und sich nicht intellektuell zu etwas überreden muss, sondern mit dem Herzen dabei ist.

Bist du denn zufrieden mit dem, was dir in deinem Leben zugefallen ist?

Doch, ich bin eigentlich zufrieden. Obgleich ziemlich viel Trauriges dabei war. Aber ich sage mir, wenn mir das so zugemutet worden ist, dann musste es so sein. Dann musste ich das durchleben, um irgendetwas daraus zu lernen.

Hast du das schon als Kind so empfunden?

Nein, überhaupt nicht. Bei uns spielte Religion natürlich eine große Rolle. Aber ich bin irgendwann selbst darauf gekommen. Ich hatte ja diesen Unfall, als ich 15 Jahre war. Wir kamen von der Ostsee, es war schon dunkel, der Fahrer passte nicht auf, und das Auto kam in einer Kurve von der Straße ab. Es fiel in den großen Fluss, und sofort schoss das Wasser hinein. Das Auto ging gleich runter bis auf den Grund. Wenn du da unten eingeschlossen bist und über dir zehn Meter Wasser sind – das ist schon beeindruckend. Einige sind gestorben, ich war die letzte Überlebende, die da rauskam. Ich sah die Scheinwerfer der Autos oben am Kai, die aufs Wasser leuchteten, und vor dem Licht die Silhouetten der aufgeregten Leute. Und dann hörte ich die Stimme von meinem Bruder Heini, der meinen Namen rief. Von oben haben sie Mäntel runtergehängt, ich habe mich festgehalten, mit letzter Kraft. Dann überlegt man irgendwann schon: Warum habe gerade ich überlebt?

Gibt es Dinge, von denen du denkst, schade, dass der Zufall mir das nicht zugespielt hat?

Nein, wüsste ich nicht. Also, zum Beispiel: Ich wollte ursprünglich in die Wissenschaft – aber durch Zufall bin ich zu einer Zeitung gekommen. Und da ich auch immer schreiben wollte, bin ich sehr zufrieden.

Was steckt für dich hinter dem Zufall?

Hinter dem Glauben an den Zufall steht die Gewissheit, dass dahinter etwas da ist, das das Ganze ordnet. Jemand, der nur ganz sachlich produziert, Geld verdient und konsumiert, für den ist das wohl anders. Es geht aber nicht ohne ein gewisses Maß an ethischem Minimalkonsens in einer Gesellschaft. Ich glaube aber, dass die Leute langsam dahinterkommen.

Und die Kirchen?

Die sind auch zu sehr eingeschlossen in das System.
Also, da wird auch genau gezählt: Wie viele Leute
kommen zu uns und nicht zu denen? Das ist ähnlich
wie die Einschaltquoten beim Fernsehen oder die
Auflage bei Zeitungen. Und dann haben die Kirchen
am Anfang alles auch zu sehr bürokratisch betrach-
tet. Beide Kirchen.
Würdest du dich als religiösen Menschen bezeichnen?
Ja. Doch. Könnte ohne das nicht leben, glaube ich.
Ist dein Glaube evangelisch?
Ob katholisch oder evangelisch, ist mir völlig egal.
Ich kann mich auch nicht darüber aufregen, ob je-
mand ein Muselmane ist oder ein Buddhist oder so.
Ich finde, sie sind alle gleich weit weg vom Zentrum.
Aber würdest du dich selbst als Christin einordnen?
Ja. Aber ich würde deswegen die anderen nicht ab-
lehnen. Das meine ich.
Was meinst du denn mit Zentrum?
Das Göttliche, was alle anerkennen. Alle haben ei-
nen Bezug dazu, darum ist es das Zentrum. Wenn
man nicht selber im Mittelpunkt steht, sondern das
Zentrum über sich weiß, dann spielt die Frage, ob
man sich wohl fühlt oder nicht, eigentlich keine Rol-
le. – Wir müssen nachher die Nachrichten sehen, ist
wieder einiges los in Afghanistan.
Ich hab ja, nicht zuletzt auch auf deinen Rat hin, Zivildienst gemacht. Was würdest du heute raten?
Zivildienst, unbedingt.

Warum?

Weil ich alles, was mit Waffen zu tun hat, als eine Versuchung zu falscher Schlussfolgerung empfinde. Dass man denkt, mit mehr Bewaffnung könne man mehr erreichen, ist letztendlich Blödsinn. Natürlich kann man rüsten und reden – ich glaube, theoretisch ist das sogar richtig. Aber es kommt darauf an, wer es macht. Wenn einer wie der Bush das macht, dann hat es wenig Sinn. Alleine reden ist gut. Aber alleine rüsten ist ganz schlecht. Außerdem erlangt man mit vielen Waffen gar nicht so viel Macht, wie man denkt. Was nützt den Amerikanern ihre Atombombe? Sie können sie sowieso nicht abwerfen.

Wieso nicht?

Weil es ihr eigenes Ende bedeuten würde. Nein, Macht bekommt man anders, durch Energie zum Beispiel. Wer Öl hat, hat Macht. Oder was noch kommt: Wasser. Ich finde, durch den Zivildienst kann man lernen, dass die wichtigen Punkte ganz woanders sitzen als bei der Macht.

Du hast dich immer sehr für Chancengleichheit eingesetzt. Ist Deutschland da deiner Meinung nach weitergekommen?

Also, angeblich haben alle die gleichen Chancen. Trotzdem wird die Schere zwischen Arm und Reich immer größer. In Wahrheit ist es eine Klassenkampfsituation, die sich da herausbildet. Wenn ich morgens mit dem Taxi ins Büro fahre, spreche ich viel mit den

Fahrern. Gestern waren beide ganz wütend über die hohen Abfindungen und Löhne, die diese Vorstände bekommen. Zehn Millionen Euro Abfindung für einen Chef, so eine Zahl hat man ja früher gar nicht erfahren. Ärgerlich finde ich nicht, dass die Reichen so viel bekommen. Entscheidend ist der große Unterschied zwischen den Armen und den Reichen – und der Unterschied wird ja immer größer. Das ist ein ganz wichtiges Thema – das kann allen Demokratien wirklich noch gefährlich werden. (Sie schiebt den Teller Häppchen zu mir rüber) Komm, die müssen wir aufessen, sonst ist Frau Ellermann traurig.

Am nächsten Tag liegt Marion schon auf dem Sofa, als ich reinkomme. Seit einiger Zeit hat sie Schmerzen im Arm, und wenn sie liegt, geht es besser. Das Feuer im Kamin brennt, allerdings nicht so gut. »Ich habe es genauso gebaut wie gestern«, sagt Marion, »aber Feuer hat seine eigenen Gesetze.« Sie sieht noch eine Weile hin, dann sagt sie: »Schmerzen sind wie Flammen, die schießen so durch den Arm.«

Hast du eigentlich die christlichen Rituale aus deinem Elternhaus übernommen?
Ich hab natürlich nicht dieses Bürokratische übernommen, also jeden Morgen Andacht und so. Aber ohne das kann man eben nicht leben. Heute hat man ja alles Religiöse abgeschafft, deswegen fallen die

Leute auf so Sachen rein, die sie als Fabelhaften Fortschritt empfinden – dass sie irgendetwas mit den Genen entdeckt haben, dass sie nun alle Augen blau machen können, die Haut weiß oder braun. Aber worin sich die Gefühlswelt ausdrückt, was für die Intelligenz und die Vernunft verantwortlich ist, das scheint überhaupt keine Rolle zu spielen.

An meinen Engel

Gerhard Schöne

Wie deutlich hab ich dich als Kind gespürt!
War mir vor Angst die Kehle zugeschnürt,
hast du gesungen
mit Engelszungen
und mich ganz sicher an der Hand geführt.

Du warst der Anruf und der Liebesbrief.
Du warst die Rettungsleine aus dem Tief.
In vielen Schichten
von Traumgesichten
warst du die Freundesstimme, die mich rief.

Du bist der Satz, der wieder Mut einflößt.
Du bist der Arm, der mich nicht von sich stößt,
bist Wahrheitsstreiter
und Wegbegleiter,
du bist das Messer, das die Fesseln löst.

Als Zweifel hockst du mir oft im Genick,
hängst dann als Hoffnungsstern in meinem Blick.
In der Routine,
Alltagsmaschine,
spielst du ganz gern das kleine Missgeschick.

Du warst der stille Träger meiner Last,
der kühle Schatten und der späte Gast.
Im Buch der Zeilen,
die Wunden heilen,
ich ahne, dass du sie geschrieben hast.

Mal warst du Fallstrick und mal Wanderstab,
das Wunder, das ich nicht erwartet hab.
Leg ich die Glieder
zum Sterben nieder
wirst du die Leiter sein aus meinem Grab.

❋ ❋ ❋ ❋ ❋ ❋ ❋ ❋ ❋ ∞ ❋ ❋ ❋ ❋ ❋ ❋ ❋ ❋ ❋

Möge der Engel
von Glück und Dank
in deinem Herzen sein

* * * * * * * * * * ✺ * * * * * * * * *

Der Engel der Dankbarkeit

Anselm Grün

Dankbarkeit ist heute selten geworden. Die Menschen haben unermessliche Ansprüche. Sie haben den Eindruck, sie würden zu kurz kommen. Daher brauchen sie immer mehr. Sie sind unersättlich geworden und können daher nichts mehr genießen. Pascal Bruckner, der französische Philosoph, beschreibt den heutigen Menschen als Riesenbaby mit unermesslichen Ansprüchen an die Gesellschaft. Er kann nie genug bekommen. Und immer sind die andern schuld, wenn es ihm nicht gut geht. Denn sie geben ihm nicht, was er doch unbedingt zum Leben braucht.

Der Engel der Dankbarkeit möchte einen neuen Geschmack in Dein Leben bringen. Er möchte Dich lehren, alles mit neuen Augen anzuschauen, mit den Augen der Dankbarkeit. Dann kannst Du mit einem dankbaren Blick auf den neuen Morgen schauen, dass Du gesund aufstehen kannst und dass Du die Sonne aufgehen siehst. Du bist dankbar für den Atem, der Dich durchströmt. Du bist dankbar für die guten Gaben der Natur, die Du beim Frühstück genießen kannst. Du lebst bewusster. Dankbarkeit macht Dein Herz weit und froh. Du bist nicht fixiert auf Dinge, die Dich ärgern könnten. Du fängst den Morgen nicht gleich mit dem Ärger über das miese Wetter an. Du bist nicht gleich frustriert, weil die Milch überkocht. Es gibt ja Menschen, die sich das Leben selber schwer machen, weil sie nur das Negative sehen. Und je mehr sie das Negative sehen, desto mehr werden sie durch ihr Erleben bestätigt. Sie ziehen kleine Unglücksfälle durch ihre pessimistische Sichtweise geradezu an.

Danken kommt von denken. Der Engel der Dankbarkeit möchte Dich lehren, richtig und bewusst zu denken. Wenn Du zu denken anfängst, kannst Du dankbar erkennen, was Dir in Deinem Leben alles gegeben wurde. Du wirst dankbar sein für Deine Eltern, die Dir das Leben gegeben haben. Du wirst nicht nur dankbar sein für die positiven Wurzeln, die Du in Deinen Eltern hast, sondern auch für die Wunden und Verletzungen, die Du von ihnen bekommen hast. Denn auch sie haben Dich zu dem geformt, der Du jetzt bist. Ohne die Wunden wärst Du vielleicht satt und unempfindlich geworden. Du würdest den Menschen neben Dir in seiner Not übersehen. Der Engel der Dankbarkeit möchte Dir die Augen dafür öffnen, dass Dich Dein ganzes Leben hindurch ein Engel Gottes begleitet hat, dass Dich ein Schutzengel vor manchem Unglück bewahrt hat, dass Dein Schutzengel auch die Verletzungen in einen kostbaren Schatz verwandelt hat.

Der Engel der Dankbarkeit schenkt Dir neue Augen,
um die Schönheit in der Schöpfung bewusst wahrzu-
nehmen und dankbar zu genießen, die Schönheit der
Wiesen und Wälder, die Schönheit der Berge und Tä-
ler, die Schönheit des Meeres, der Flüsse und Seen.
Du wirst die Grazie der Gazelle bewundern und die
Anmut eines Rehes. Du wirst nicht mehr unbewusst
durch die Schöpfung gehen, sondern denkend und
dankend. Du wirst wahrnehmen, dass Dich in der
Schöpfung der liebende Gott berührt und Dir zeigen
möchte, wie verschwenderisch er für Dich sorgt.
Wer dankbar auf sein Leben blickt, der wird einver-
standen sein mit dem, was ihm widerfahren ist. Er
hört auf, gegen sich und sein Schicksal zu rebellie-
ren. Er wird erkennen, dass täglich neu ein Engel in
sein Leben tritt, um ihn vor Unheil zu schützen und
ihm seine liebende und heilende Nähe zu vermitteln.
Versuche es, mit dem Engel der Dankbarkeit durch
die kommende Woche zu gehen. Du wirst sehen, wie
Du alles in einem andern Licht erkennst, wie Dein
Leben einen neuen Geschmack bekommt.
Du kannst Deinen Engel der Dankbarkeit auch bitten, dass er Dich lehrt, für die Menschen zu danken, mit denen Du zusammen lebst. Wir beten oft
nur für die Menschen, die uns wichtig sind, wenn
wir sie ändern möchten oder wenn wir wünschen,
dass Gott ihnen hilft, dass Gott sie heilt und tröstet.
Manchmal ist unser Gebet für die andern eher ein

Gebet gegen sie. Wir möchten, dass sie so werden, wie wir sie gerne haben möchten. Wenn wir für einen andern Menschen danken, dann nehmen wir ihn bedingungslos an. Er muss sich nicht ändern. Er ist so, wie er ist, wertvoll. Oft merken es die Menschen, wenn wir für sie danken. Denn von unserem Danken geht eine positive Bejahung aus, in der sie sich vorurteilslos angenommen fühlen. Ein amerikanischer Geistlicher berichtet von einem Ehepaar, das jahrelang für den alkoholkranken Vater der Frau gebetet hat, damit er endlich von seinem Alkohol loskäme. Und sie haben zahlreiche Gebetsgruppen um ihre Fürbitte gebeten. Aber alles war umsonst. Erst als sie den Mut aufbrachten, für den Vater zu danken, dass er da ist, dass er so ist, wie er ist, ermöglichten sie ihm, dass er sich ändern konnte. Weil er nicht mehr den unbewussten Anspruch an sich spürte, sich ändern zu müssen, konnte er sich ändern. Weil er sich bedingungslos bejaht fühlte, brauchte er den Alkohol nicht mehr. So bitte Deinen Engel der Dankbarkeit um das Wunder, dass Menschen sich durch Deinen Dank bedingungslos geliebt fühlen und so in dieser Liebe heil werden.

Das Geschenk

Clemens Bittlinger

Es schellte an der Tür. Missmutig schob ich meinen Schreibtischsessel zurück und schlurfte zur Tür. Mit einem »Ich-mag-es-nicht-wenn-man-mich-stört-Gesicht« öffnete ich die Haustür und blickte in die aufgeweckten Augen eines etwas schäbig gekleideten älteren Herrn.

»Keine Angst, ich will Ihnen nichts verkaufen«, begrüßte mich der Alte lächelnd, »mein Name ist Nimmzeit, und ich möchte Ihnen etwas schenken.«

»Aha«, dachte ich bei mir, und stellte mich vorsichtshalber noch etwas breiter in die Tür: »Sie wollen mir etwas schenken, da bin ich aber mal gespannt! Schießen Sie los, worum handelt es sich?«

Herr Nimmzeit hatte seinen Hut abgenommen und schien nun seltsam in die Ferne zu blicken. Es war, als hätten seine Pupillen durch mich und alle Wände meines Hauses hindurch etwas ganz anderes im Auge.

»Das, was ich Ihnen schenken möchte, brauchen Sie dringend. Sie haben zwar schon oft versucht, es zu kaufen, aber sie haben es niemals bekommen. Und heute komme ich zu Ihnen, um Ihnen das, wonach Sie sich so sehr sehnen, zu schenken.«

Während seine Worte leise verklangen, funkelten

mich seine kleinen Augen herausfordernd an, und über seinen Mund glitt ein kaum sichtbares Lächeln. »Nun halten Sie mal keine großen Reden, kommen Sie zum Kern der Sache. Ich habe zu tun. Zeit ist schließlich Geld und somit teuer.«

Ich hoffte, mit diesen Worten unsere Begegnung zu einem raschen Ende zu bringen, obwohl ich ehrlicherweise zugeben muss, dass ich gar nicht so dringend beschäftigt war.

Doch solche merkwürdigen Gespräche sind mir immer unangenehm. Es gibt ja Menschen, die können Bände füllen mit ihren Ausschweifungen, ohne jemals wirklich etwas zu sagen, geschweige denn irgendwann einmal auf den Punkt zu kommen.

Der ältere Herr nickte unmerklich: »Genau deshalb bin ich hier!«, antwortete er mit einem fast feierlichen Unterton.

Jetzt wurde es mir aber doch zu bunt: »Weshalb sind Sie jetzt hier? Weil ich zu tun habe oder weil Zeit Geld ist? Oder weil Sie nicht so viel reden wollen? Ach ... Sind Sie vielleicht ein Geldbote vom Finanzamt? Natürlich, dass ich nicht gleich darauf gekommen bin! Kommen Sie doch herein. Die letzten Steuerabzüge kamen mir sofort etwas zu hoch vor. Ich zahle ja gerne meinen Teil, aber was zu viel ist, ist zu viel. Darf ich Ihnen etwas zu trinken anbieten?«

In einem Schwall von Worten und unter wildem Gestikulieren komplimentierte ich den Mann in unser

Wohnzimmer und dort auf das Sofa, wo er nun ruhig und gelassen saß.

»Ja, ich trinke gern ein Glas Mineralwasser, wenn Sie so freundlich sind, aber vom Finanzamt komme ich nicht. Ich sagte ja auch nicht ›zurückerstatten‹, sondern ›schenken‹. Sie bekommen etwas geschenkt.«

Die Enttäuschung muss mir im Gesicht gestanden haben, denn Herr Nimmzeit rutschte mit einem entschuldigenden Gesichtsausdruck noch etwas tiefer in das weiche Polster der Wohnzimmergarnitur.

»Ich bin gekommen, um Ihnen etwas zu schenken, oder besser gesagt: Ich möchte Sie auf ein Geschenk aufmerksam machen!«

Nun wurde ich allmählich wirklich wütend. Da hatte sich dieser Alte unter Vorspiegelung falscher Tatsachen in unsere Wohnung führen lassen, besaß ganz nebenbei die Dreistigkeit, von mir etwas zu trinken zu verlangen, und nun wollte er mich lediglich auf ein Geschenk aufmerksam machen. Die ganze Sache war doch eindeutig faul, oberfaul sogar.

Man kennt ja solche Typen: Erst erzählen sie einem lange und umständlich was von »Geschenk« und »Alles gratis« und »Sie sind der Glückliche« und all dieses Zeug, und zum Schluss hat man dann, ehe man sich versieht, zwei Zeitschriftenabonnements und einen Staubsauger gekauft.

»Also, was ist das nun für ein Geschenk, von dem Sie da dauernd faseln?«, fuhr ich ihn giftig an.

Im selben Augenblick tat es mir schon wieder leid, denn die eben noch lebendigen Augen des alten Mannes schauten mich plötzlich traurig und müde an. Fast flüsternd sagte er: »Das Geschenk, auf das ich Sie aufmerksam machen wollte, ist die Zeit. Ich habe Ihnen Zeit geschenkt, aber Sie haben sie sich eigentlich nie wirklich genommen. Sie sind zu beschäftigt.« Jetzt war es mir wirklich egal, wie traurig der alte Mann auch aussah, und ich erwiderte mit lautem und bestimmtem Unterton in der Stimme: »Sie wollen mir Zeit schenken, dass ich nicht lache! Zeit gestohlen haben Sie mir. Dauernd vergeuden Sie meine Zeit. Ich pfeife auf Ihr Geschenk!«

Herr Nimmzeit saß nun wieder aufrecht auf der vorderen Sitzfläche des Sofas, stützte sich mit den Armen auf die Knie und schaute mich ernst an: »Darin liegt das eigentliche Problem! Dass Sie glauben, Zeit zu besitzen und jederzeit über Zeit verfügen zu können. Sie wissen noch gar nicht, dass die Zeit ein Geschenk ist, sonst würden Sie anders über diese wundervolle Gabe, die ich Ihnen gebracht habe, reden. Jede Sekunde, jede Minute, jede Stunde, jeder Tag, jede Woche, jeder Monat und jedes Jahr ist ein Geschenk. Doch die Menschen haben all das vergessen. Für sie ist die Zeit wie eine Autobahn, die sie einfach gedankenlos benutzen und abfahren. Wie sehr sie dabei das Eigentliche übersehen, merken sie gar nicht. Gibt es wirklich einmal Straßenschäden, dann vertrauen alle darauf, dass die Macken schon wieder repariert werden. Glauben Sie wirklich, Sie seien im Besitz Ihrer Zeit? Sie sind nicht im Besitz Ihrer Zeit, sonst hätten Sie ja viel mehr davon. Sie besitzen eigentlich überhaupt keine Zeit, nicht mal ein kleines bisschen, und deshalb kann Ihnen auch niemand Zeit stehlen. Sie haben ja gar keine!«

Während der alte Mann mit den nun wieder leuchtenden Augen sprach, war ich ins Nachdenken gekommen. Irgendwie hatte er recht. Es war schon seltsam mit der Zeit. Da hatte man eigentlich den ganzen Tag zur Verfügung, vierundzwanzig lange Stunden, und wenn man einmal Zeit brauchte, war nie welche da. Immer gab es Termindruck, immer war irgendwo irgendetwas zu tun, zu verabreden, ja selbst die Freizeitgestaltung war streng durchgeplant. Und das letzte bisschen »freie Zeit« entwich in den sogenannten Entspannungsmomenten, die ich vor dem Fernseher verbrachte, wie im Flug. Ja, der Mann hatte recht, eigentlich hatte ich nie Zeit. In Wirklichkeit verfügte ich ziemlich gedankenlos über meine Lebensgestaltung.

Ich war derart in Gedanken versunken, dass ich fast nicht bemerkt hätte, wie Herr Nimmzeit sich still und heimlich aus unserer Wohnung zurückzog. Ich folgte ihm über die Treppe bis an die Haustür und bat ihn, doch wieder hereinzukommen. Ich wollte gerne noch so viel mehr über dieses Geschenk erfahren.

»Es ist alles gesagt«, lächelte der alte Mann, »das Weitere liegt nun an Ihnen!«

»Ja, aber ... aber wie komme ich denn an dieses Geschenk heran? Wer schenkt mir denn nun die Zeit?«, rief ich ihm verzweifelt hinterher.

Herr Nimmzeit drehte sich noch einmal um, schaute mich mit ernster Miene an – obwohl ich heute nicht mehr sicher bin, ob er nicht doch ein hintersinniges Lächeln in den Mundwinkeln hatte – und sagte flüsternd: »Sie ist da. Die Zeit. Sie müssen sie sich nur nehmen. Wer das Geschenk anzunehmen und zu schätzen weiß, der wird immer reicher beschenkt werden!«

* * * * * * * * * * ∽ * * * * * * * * *

Kehrseite

Charles Baudelaire

Engel voll Frohsinn, kennst du die Angst,
die Scham, die Reue, die Schluchzer, den Gram
und die vagen Schrecken entsetzlicher Nächte,
die das Herz zusammenpressen wie zerknülltes Papier?
Engel voll Frohsinn, kennst du die Angst?

Engel voll Güte, kennst du den Hass,
die im Finstern geballten Fäuste und die bitteren Tränen,
wenn die Rachsucht ihre Höllentrommel schlägt
und sich zum Herrscher über unser Wesen macht?
Engel voll Güte, kennst du den Hass?

Engel voll Gesundheit, kennst du die Fieberschauer,
die entlang den hohen Mauern des Siechenhauses
hinschleichen wie Verbannte, schleppenden Fußes
die spärliche Sonne suchend, mit lautlos bewegten Lippen?
Engel voll Gesundheit, kennst du die Fieberschauer?

Engel voll Schönheit, kennst du die Runzeln,
die Angst zu altern, und die grässliche Qual,
wenn wir in Augen, aus denen unsre Augen
gierig tranken,
den geheimen Abscheu der Ergebenheit entdecken?
Engel voll Schönheit, kennst du die Runzeln?

Engel voll Glück, voll Freude und Licht,
angesichts des Zaubers deiner strahlenden
Erscheinung
hätte David noch im Sterben um Gesundheit
gebettelt,
ich aber, Engel, erflehe von dir nur deine Gebete,
Engel voll Glück, voll Freude und Licht!

Wozu braucht ein Engel Flügel

Alfred Polgar

Von einer Faust-Aufführung, vor langen Jahren, des Wiener Burgtheaters haften im Gedächtnis die drei Erzengel, die den »Prolog im Himmel« einleiten. Sie standen auf wolkig getarnten Piedestalen und sprachen, so feierlich-entrückt sie konnten, die unbegreiflich hohen Worte von den unbegreiflich hohen Werken, die herrlich sind wie am ersten Tag. Es waren, fürs Auge, überzeugende Engel, als solche beglaubigt durch ihr Flügelkleid, weiße Fittiche, die, größer als ihre Träger, von deren Schultern majestätisch in die Höhe ragten. Manche Zuschauer mögen, Schein und Wirklichkeit durch einen gedanklichen Kurzschluss ineinander mengend, sich verwundert haben, wie Engel mit solch enormer Flügel-Spannweite es fertiggebracht hätten, ins Burgtheater hineinzufliegen (das damals noch nicht von Bomben durchlöchert war).

Wozu braucht ein Engel Flügel? Die scheinbar erledigende Antwort: »um zu fliegen«, ginge daneben – so zutreffend sie wäre auf die Frage: Wozu braucht ein Mensch Flügel? Beziehungsweise einen Apparat, der sie ersetzt. Engel aber sind den Ordnungen und Satzungen unserer materiellen Welt nicht unterworfen. Wozu dann brauchen sie Flügel? Das heißt: einen nach den Regeln der Physik gebauten Mechanismus, der ihnen die Schwerkraft überwinden hilft? Ich glaube, Engel haben Flügel einzig und allein zu dem Zweck, unser Kausalitäts-Bedürfnis zu befriedigen. Denn auch Überirdische, für die der Kodex, den wir »Naturgesetze« nennen, nicht gilt, können wir uns nicht anders vorstellen, als mehr oder minder doch eingeflochten in das Netz irdischer Bedingtheiten, als doch der Realität, wie wir sie kennen, verhaftet. Also denken wir die Engel mit Flügeln ausgestattet. Hiermit aber tun wir ihrem Übernatürlichen Abbruch, versündigen uns gleichsam an ihrer Unbegreiflichkeit. Als ob himmlische Wesen, zwecks Fortbewegung in der Luft, auf ein System von biegsamen Rippen und Federn angewiesen wären wie die Vögel!

Wie denn also sollten wir uns Engel vorstellen? Das alte Testament gibt hierauf erschöpfende Antwort: »Du sollst dir kein Bildnis machen weder des, das oben im Himmel, noch des, das unten auf Erden, oder des, das im Wasser unter der Erde ist.« Danken wir dem weisen Gesetzgeber, dass er unsere Fantasie von der verzweifelten Aufgaben losgesprochen hat, sich Nichtvorstellbares vorzustellen.

Auch die unwahrscheinlichsten Fabelwesen, jemals von Dichtern oder bildenden Künstlern ausgedacht, sind doch immer nur (mehr oder weniger kühne) Abwandlungen, Verzerrungen, Deformierungen menschlicher oder tierischer Erscheinung. Ein Fantasiegeschöpf zu erfinden, in dessen Bau kein Stückchen menschlicher oder tierischer Anatomie enthalten wäre, ginge über die Grenzen auch der höchsten Einbildungskraft. Unsere Gespenster haben Augen zum Sehen und Hände zu Greifen, und wenn sie den Kopf unterm Arm tragen, so tragen sie ihn doch immerhin, weil er sonst zur Erde fiele. In Kurzem: unsere Fantasie, gebärde sie sich noch so zügellos, schweift an der Leine.

Der abstrakte Künstler, allerdings, weiß sie abzustreifen. Wenn er etwa einen Engel, die Idee: »Engel« darstellen wollte, würde er nicht nur die Flügel weglassen, sondern vermutlich auch den Engel beziehungsweise ihn durch eine Anordnung von Graphit- oder Farbspuren ersetzen, die »Engel« bedeuten könnte. Besonders wenn ein Bildtitel das Stichwort zu solcher Deutung gäbe. Die Endphase dieser vom Gegenständlichen unabhängigen Kunst wird das leere Blatt sein. Auf ihm erschiene die Eingebung des Künstlers in einem letzten, nicht mehr überbietbaren Grad von Abstraktion ausgeformt.

Bist du ein Engel?

Jürgen Werth

Bist du ein Engel oder nicht?
Du siehst nicht aus wie all die Engel aus den
Büchern.
Bist du ein Engel? Eher nicht!
Denn Engel kommen meist in leuchtend weißen
Tüchern.

Doch warst du da, als ich dich rief,
und was du sagst, berührt mich tief.
Du bist ein Engel! Oder wenigstens beinah.

Bist du ein Engel oder nicht?
Du kamst zu Fuß und bist nicht durch die Luft
geflogen.
Bist du ein Engel? Eher nicht!
Denn mit Verlaub bist du sehr irdisch angezogen!

Doch macht dein Strahlen alles wett,
und du bist einfach himmlisch nett.
Du bist ein Engel! Oder wenigstens beinah.

Bist du ein Engel oder nicht?
Hat denn ein Engel kurzes Haar und braune Augen?
Bist du ein Engel? Eher nicht!
Denn ich seh keine Flügel, die zum Fliegen taugen.

Doch wenn du lachst, lacht auch mein Herz,
ziehn die Gedanken himmelwärts.
Du bist ein Engel! Oder wenigstens beinah.

Bist du ein Engel oder nicht?
Für mich kamst du direkt vom Himmel auf die Erde.
Bist du ein Engel? Weiß es nicht.
Weil ich nur staunen und nicht weiter fragen werde.

Du kommst von Gott, du bringst sein Licht,
mehr bringen auch die Engel nicht.
Du bist ein Engel! Oder wenigstens beinah.

Die Engel, meine Brüder

Dom Hélder Câmara

Ich verstehe sehr wohl, dass es für viele schwer ist, an Engel zu glauben. Für mich allerdings ist es sehr leicht. Ich sehe in der Schöpfung die Gesteine, die Pflanzen, die Tiere, den Menschen. Und es scheint mir zwischen dem Menschen und Gott Raum für Geschöpfe zu sein, die uns Brüder und Schwestern im Geiste sind, aber nicht die Schwere unseres Leibes haben. Ich verstehe die Engel, meine Brüder, so gut, dass ich meinem Engel einen Namen gegeben habe. Es ist nicht sein eigentlicher Name, den ich ja nicht kenne. Ich habe ihm den gleichen Namen gegeben, den mir meine Mutter gab, wenn sie mit mir recht zufrieden war. Sie sagte dann: »Nur Mut, José!«

Ich bin vergnügt

Hanns Dieter Hüsch

Ich bin vergnügt
erlöst
befreit
Gott nahm in seine Hand
Meine Zeit
Mein Fühlen Denken
Hören Sagen
Mein Triumphieren
Und Verzagen
Das Elend
Und die Zärtlichkeit
Was macht dass ich so fröhlich bin
In meinem kleinen Reich
Ich sing und tanze her und hin
Vom Kindbett bis zur Leich
Was macht dass ich so furchtlos bin
An vielen dunklen Tagen
Es kommt ein Geist in meinen Sinn
Will mich durchs Leben tragen
Was macht dass ich so unbeschwert
Und mich kein Trübsinn hält
Weil mich mein Gott das Lachen lehrt
Wohl über alle Welt.

Der Engel im Garten

Sybil Gräfin Schönfeldt

Das Haus stand am Flussufer. Der Boden war sumpfig gewesen, und ehe dort gebaut worden war, hatte man den Grund aufgeschüttet, mit Sand und Schotter und Kies. In jeder Generation musste nachgeschüttet werden, und Ende des Zweiten Weltkrieges luden die Schuten Trümmerschutt ab, das kostete nicht viel und wurde mit einer dünnen Schicht Muttererde bedeckt. Dann legte sich Herbst für Herbst das Laub darauf, manchmal kam eine Schubkarre Komposterde dazu, aber der Boden blieb karg, und wenn die Kinder ihren Wellensittich begruben oder eine Kuhle für ein Lagerfeuer ausheben wollten, knirschten ihre Schaufeln auf Scherben und dem, was sie die Altertümer nannten: ein Stück aus einem Kannenbauch. Kachelreste, Tassenhenkel, Backsteinbruch. Sie wuschen alles im Fluss, ließen es auf dem Gras trocknen und legten es in ihre Schatzecke. Einmal blieb ein Erwachsener, dem sie den geheimen Winkel zeigten, nachdenklich davor stehen und sagte: »Solche Ofenkacheln gab es bei Onkel Eberhard.« »Wo hat er denn gewohnt?«, fragte eins der Kinder. »Ach, in der Stadt. Aber wahrscheinlich hatten damals viele Leute solche Kachelöfen.«

Eine Ofenkachel. Die Kinder schauten sie an und stellten sich den Ofen vor, die warme Wohnstube, vielleicht mit Butzenscheiben in den Fenstern, das Haus am Fleet. Die Bombennächte konnten sie sich nicht vorstellen, auch nicht die Trümmerberge. Die Schute aber schon, die bis zu ihnen gestakt wurde und den groben Schutt ablud. Und so lagen die Kacheln unter dem Rasen und waren das einzige, was die Kinder von einem Onkel Eberhard wussten. Vielleicht das einzige, was von den Seinen geblieben war. Und dann stieß Karl, der Jüngste, eines Tages auf etwas Rundes und Rötliches und Steinernes. Er scharrte die Erde vorsichtig mit den Händen ab und sah: Es war eine Schulter, dann der Hals und der Kopf einer Figur, die vielleicht kniehoch gewesen war. Die andere Schulter war abgeschlagen, auch ein Stück vom lockigen Hinterkopf, und man wusste nicht, ob es ein Mann oder eine Frau sein sollte. Nur der Oberkörper war geblieben, und am Rücken, neben der heilen Schulter, ragte ein Ansatz von etwas heraus –

»Von einem Flügel«, sagte Karl, »man kann genau die Federn erkennen. Das ist ein Engel!« Und dann schrie er: »Ich habe einen Engel gefunden!«

»Engel, Bengel, Pumpenschwengel«, spotteten die anderen, »ein Trümmerengel, ein Engeltrümmer!«

»Ihr seid ja nur neidisch!«, rief Karl und lief zum Fluss, um seinen Engel zu waschen.

Er stellte ihn nicht zu den Altertümern, er nahm ihn mit ins Haus, schob ihn ins Bett, unter sein Kopfkissen.

»Wo ist denn deine Engelscherbe?«, fragte ihn sein Bruder abends beim Zähneputzen.

»Ach irgendwo«, antwortete Karl und versteckte den Engel jeden Tag an einen anderen Platz, bis ihn die anderen vergessen hatten.

Und dann trug er ihn eines Tages ins Wohnzimmer, abends, als jener Erwachsene mit dem Onkel Eberhard zu Besuch war.

»Sieh mal«, sagte Karl, »was ich neulich im Garten gefunden habe.«

»Igitt –«, machte der Bruder, »so ein kaputtes Drecksding! Schmeiß es weg, schmeiß es in den Fluss!«

»Also wirklich«, sagte der Erwachsene, »was hast du denn bloß? Ja, das Ding ist kaputt, aber es war ein Engel –«

»Es ist ein Engel«, sagte Karl bestimmt.

»Ja«, fuhr der Erwachsene fort, »und vielleicht hat er oben über der großen Kirchentür gestanden, mit anderen Engeln und Heiligen und Propheten.«

»Wo war das?«, fragte Karl, »an welcher Kirche?«

»Das weiß ich nicht«, antwortete der Erwachsene, und deshalb gingen sie irgendwann zusammen in die Stadtbücherei und entdeckten ein Buch mit alten Fotos, auch von den Kirchen, ehe sie im Krieg zerbombt worden waren. Aber auch vom Engel hatten die Bomben nicht viel übrig gelassen, und es war schwer, ihn wirklich zu bestimmen und wiederzuerkennen.

Aber das machte nichts. Karl hatte den Engel gerettet. Er war nun wer, ein echter Kirchenengel, uralt, älter als jedes ihrer Altertümer, und er thronte ganz oben im Bücherbord und der Bruder konnte ihm nichts mehr anhaben.

»Ich habe einen Engel«, sagte Karl manchmal und schaute ihn an und sah ihn mit einem heilen Lockenkopf und einem ganzen Körper im langen Faltengewand und mit zwei mächtigen Flügeln, der eine schmal zusammengefaltet, der andere, der abgebrochene, hoch aufgefächert, so dass er den Engel überragte.

»Ich habe einen Engel«, sagte Karl, und dabei fühlte er sich sonderbar getröstet.

Als Karl älter wurde, vergaß er seinen Engel fast, und manchmal staubte ihn die Mutter ab und fragte, ob Karl das Bruchstück nicht endlich wegwerfen wolle. Karl schüttelte jedes Mal den Kopf, und der Engel blieb, wo er war, zwischen den Büchern und staubte von neuem ein. Die Ecke mit den Altertümern gab es längst nicht mehr. Ein Gärtner hatte alles umgestaltet, Jahr für Jahr fiel das Laub auf die Erde, und die Trümmer sanken tiefer in den Grund. Karl verliebte sich einmal und noch einmal, und beim dritten Mal war es ihm ernst, und er wollte alles von ihr wissen und sie alles von ihm, vom Sandkasten an.

»Einen Sandkasten hatten wir nicht«, sagte er.

»Was denn sonst?«, fragte sie.

»Einen Garten auf Trümmern.«

Sie lachte. Aber er stimmte nicht in ihr Gelächter ein. Ihm fiel plötzlich alles wieder ein, woran er seit Jahren nicht gedacht hatte, und er sagte: »Ich habe einen Engel!«

Da hörte sie auf zu lachen und warf sich ihm verblüfft und geschmeichelt und gerührt in die Arme und flüsterte: »Ja, ich bin dein Engel und will es immer bleiben.«

So hatte er keine Wahl, er musste sie so nennen, aber er sagte immer Engelchen.

Als sie heirateten, nahm er aus der Elternwohnung auch den Engel mit und stellte ihn in seiner eigenen wieder zwischen die Bücher.

»Was ist denn das für ein Müll?«, fragte seine Frau, und er erklärte das Bruchstück als Teil des Tympanons der Bartholomäus-Kirche, vermutlich spätes 13. Jahrhundert.

»Dann ist das wohl kostbar?«, fragte sie.

»Oh ja, sehr kostbar«, antwortete er und hatte den Engel ein zweites Mal gerettet.

»Mein Mann hat einen Engel«, sagte sie manchmal zu Leuten, die zu Besuch kamen, und er bestätigte es: Ich habe einen Engel, und dabei dachte er: Wenn das die Wahrheit wäre, was müsste ich dann tun?

Einer, der glücklich macht

Jörg Zink

Eines sollen wir wissen:
Unsere Welt ist kein Gefängnis.
Sie ist offen, und immerfort kommen Kräfte
von Gott her zu uns.
Und wir sollen diese Kräfte einander
zuleiten.
Das ist es, was wir meinen,
wenn wir von »segnen« sprechen.

»Ich will dich segnen,
und du sollst ein Segen sein«, sagt Gott.
Ich will dir die Kraft geben,
die du brauchst,
und du sollst sie weitergeben
und dabei selbst glücklich werden.

Du bist kein armer Erdenwurm,
sondern ein Engel.
Nimm das an.
Nimm es ernst.

Du bist ein Bote.
Einer, der glücklich macht.

Der Engel des Lichts
schenke dir Hoffnung
und Zuversicht

Führe du mich

John Henry Newman

Führe du, mildes Licht, im Dunkel, das mich
umgibt,
führe du mich hinan!
Die Nacht ist finster, und ich bin fern der Heimat:
Führe du mich hinan!
Leite du meinen Fuß – sehe ich auch nicht weiter:
wenn ich nur sehe jeden Schritt.
Einst war ich weit, zu beten, dass du mich führtest.
Selbst wollt ich wählen.
Selbst mir Licht, trotzend dem Abgrund,
dachte ich meinen Pfad zu bestimmen,
setzte mir stolz das eigene Ziel.
Aber jetzt – lass es vergessen sein.
Du hast so lang mich behütet – wirst mich
auch weiter führen: über sumpfiges Moor,
über Ströme und lauernde Klippen,
bis vorüber die Nacht
und im Morgenlicht Engel mir winken.
Ach, ich habe sie längst geliebt –
nur vergessen für kurze Zeit.

✦ ✦ ✦ ✦ ✦ ✦ ✦ ✦ ✦ ✦ ✦ ∾ ✦ ✦ ✦ ✦ ✦ ✦ ✦ ✦ ✦ ✦ ✦

Die Ballade von meiner Bibel

Helmut Gollwitzer

Drei Baracken: in der ersten liegen wir vor der Filzung, in der zweiten wird gefilzt, in die dritte kommt man danach, – gut ausgedacht, damit keine Schmuggeleien vorkommen, aber so schlampig durchgeführt wie meist bei den Russen, so dass man außerhalb der Baracken doch zusammenkommen konnte und die Noch-Nicht-Gefilzten den Schon-Gefilzten das zustecken konnten, was sie nicht durch die Kontrolle gehen lassen wollten. Außerdem sah man im Dämmerschein da und dort im Freien Gestalten sich mit gespielter Harmlosigkeit hinsetzen, scheinbar unabsichtlich mit den Fingern in der Erde scharren und so heimlich Dinge vergraben, auf die, wie man wusste, die Russen Appetit hatten, vom Rasierapparat bis zum Marschkompass, in der Hoffnung, es später wieder ausbuddeln zu können. Ich hatte auch einiges auf diese Weise sichergestellt, aber Bücher waren mir für das Vergraben zu schade und so fragte ich einen, der die Sache schon hinter sich hatte, einen Juristen von meiner früheren Division, ob er sie mir nicht aufbewahren wolle, vor allem die Bibel, an der mir mehr liege als an allem anderen. Es war eine kleine »Senfkorn-Bibel«, das

Geschenk ausgewanderter Freunde, die mich nun seit Jahren unzertrennlich begleitete. Die Bücher übernehme er gern, »aber die Bibel, nein, ich meine, die Bibel musst du offen durchtragen. Die *kann* dir ja gar nicht genommen werden«. Ich schaute ihn groß an. Zum ersten Mal erkannte ich, dass ein Engel aussehen kann wie ein kleiner Rechtsanwalt aus Crossen a. d. Oder; denn das war doch offenbar das Wort eines Engels an mich ...

Segen für dein Leben

Irischer Segenswunsch

Die Liebe und Zuneigung
des Himmels seien mit dir,
die Liebe und Leidenschaft
der Heiligen seien mit dir,
die Liebe und Gewogenheit
der Engel seien mit dir,
die Liebe und wärmende Kraft
der Sonne seien mit dir,
die Liebe und das wegweisende Licht
des Mondes seien mit dir –
an jedem Tag und in jeder Nacht
deines Lebens.

Chagalls Engel

Paul Konrad Kurz

Geliebt geträumt gemalt im heiligen
Witebsk tag und nacht mit IHM
Leuchter Braut und Fiedelbogen
goldrot zu den Geflügelten
Und Glocken wenn die bunten
Zirkusleute kamen

Wer auf dem Lehm nicht tanzen konnte
den hobst du auf die Dächer
Das Liebespaar der prächtige
Hahn sogar die Stundenuhren zeigen
auf das Unsichtbare
Aus jedem Eselrücken
äugt ein Engel

Hebamme des Himmels
Vertreiben konnte nicht einmal der Umsturz
die Göttliche aus deiner Augenweide
Eingeweidet trugst du
aus dem traktierten Schädel
die Wunderbare
(die an der Spree nicht wohnen konnte)
an die Seine

Dass die Geflügelte nächtens
über Brücken wache
die Entzückten vor Frust bewahre
den Geworfenen halte
die Geschundenen hebe
noch eh die Sonne untergeht
goldgrün in ihr Schalom

Petersburger Engel

Marc Chagall

In dieser Zeit wurde ich einer Plejade von Mäzenen vorgestellt. Überall in ihren Salons fühlte ich mich wie einer, der gerade aus dem Dampfbad gestiegen war, mit rotem, erhitztem Gesicht.

Ach, die Aufenthaltsgenehmigung für die Hauptstadt!

Ich wurde Hausdiener beim Rechtsanwalt Goldberg. Die Advokaten hatten das Recht, jüdische Bedienstete zu halten.

Doch musste ich nach dem Gesetz bei ihm wohnen und essen.

Wir sind uns näher gekommen.

Im Frühling nahm er mich mit zu seiner Familie, auf ihr Gut Narwa, wo seine Frau und seine Schwestern, die Germontes, in den großen Sälen, im Schatten der Bäume und am Meeresstrand so viel Zärtlichkeit verströmten. Ihr lieben Goldbergs! Euer Bild ist mir vor Augen.

Aber bevor ich diese Mäzene kennen lernte, wusste ich nicht, wo ich übernachten sollte.

Meine Mittel erlaubten mir nicht, ein Zimmer zu mieten; ich musste mich mit Zimmerecken begnügen. Ich hatte nicht einmal ein Bett für mich allein.

Ich musste es mit einem Arbeiter teilen. Er war wirklich ein Engel, dieser Arbeiter mit dem tiefschwarzen Schnurrbart.

Aus lauter Freundlichkeit zu mir drückte er sich ganz gegen die Wand, damit ich mehr Platz hätte. Ich lag, ihm den Rücken zukehrend, mit dem Gesicht zum Fenster und atmete die frische Luft.

In diesen Zimmern, mit Arbeitern und Straßenhändlern als Nachbarn, blieb mir nichts anderes übrig, als mich auf den Bettrand zu legen und über mein Leben zu grübeln. Worüber sonst? Und Träume suchten mich heim: ein viereckiges Zimmer, leer. In einer Ecke ein Bett und ich darin. Es wird dunkel.

Plötzlich öffnet sich die Zimmerdecke und ein geflügeltes Wesen schwebt hernieder mit Glanz und Gepränge und erfüllt das Zimmer mit wogendem Dunst.

Es rauschen die schleifenden Flügel.

Ein Engel!, denke ich. Ich kann die Augen nicht öffnen, es ist zu hell, zu gleißend.

Nachdem er alles durchschweift hat, steigt er empor und entschwindet durch den Spalt in der Decke, nimmt alles Licht und Himmelblau mit sich fort.

Dunkel ist es wieder. Ich erwache.

Der Engel

Michail Lermontov

Es schwebte ein Engel am Himmel der Nacht
lobsingend die göttliche Pracht,
der Mond und die Sterne in ewigem Gang
vernahmen den holden Gesang.

Er sang von den Wonnen der seligen Schar
vor Gottes geweihtem Altar
und pries seines Schöpfers geheiligten Rat
und seine vollendete Tat.

Er trug eines Kindes Seele im Arm
zur Erde voll Kummer und Harm,
und tief in der Seele des Kindes ward
der Klang seines Liedes bewahrt.

Lang blieb sie in irdisches Dasein gehüllt,
von Sehnsucht und Hoffnung erfüllt,
doch nimmer ersetzt ihr den himmlischen Klang
der traurige Erdengesang.

Wenn ihr nicht werdet
wie die Kinder

Romano Guardini

Das Kind kann das Gefühl des Erwachsenen nicht zwingen, es ernst zu nehmen, denn es »ist ja noch klein«. Die eigentlichen Menschen sind die Großen; das Kind gilt noch nicht für voll.

Dieses Gefühl findet sich aber nicht nur bei Vernunftmenschen oder Selbstsüchtigen, sondern auch bei Liebevollen und Mütterlichen und Pädagogischen, ja bei ihnen oft ganz besonders deutlich, nur ins Fürsorgliche gekehrt. Es bringt in das Benehmen des Erwachsenen dem Kinde gegenüber eine freundliche oder unfreundliche Nichtachtung – bis in den unnatürlichen und spielerischen Ton hinein fühlbar, mit dem er glaubt, zu den jungen Wesen sprechen zu müssen. Da sagt Jesus: Ihr nehmt das Kind nicht auf, weil es sich keine Geltung erzwingen kann. Es ist euch zu wenig. So hört denn: Dort, wo das ist, was sich selbst nicht durchsetzen kann, stehe ich! ... Eine göttliche Ritterlichkeit erhebt sich an der Stelle, wo das noch Unbewiesene steht, und erklärt: »Ich stehe dafür.«

Nun bekommt das Kind eine ganz neue Bedeutung. Es wird herausgerückt aus der gattungsmäßigen

Schätzung, die in ihm nur das kommende Leben sieht; aus der wirtschaftlichen, die es auf Nutzen und Leistung hin misst; aus der des unmittelbaren Gefühls, das in ihm die Fortsetzung des eigenen Daseins empfindet und zugleich den Widerspruch dagegen, die Bestätigung und die Kritik, das unwillkürlich geliebte, aus dem eigenen hervorgegangene neue Leben und zugleich den Konkurrenten im Dasein, der siegen wird, weil er die Zukunft hat – aus dem ganzen seltsamen und fragwürdigen Gemisch, das »Liebe zum Kinde« heißt, rückt Jesus das Verhältnis heraus, indem er sagt: Das Kind ist der werdende Christ. Ich habe das Kind ernstgenommen; so ganz, dass ich mit meinem Blut für es eingetreten bin. Von dorther hat es seinen Wert. So sollst du wissen, wenn du auf das Kind triffst, triffst du auf Mich! Der zweite Gedanke: »Wer aber eines von diesen Kleinen, die an mich glauben, verführt, dem wäre es zuträglicher, dass ihm [vorher] ein Mühlstein an seinen Hals gehängt, und er im tiefsten Meer ertränkt würde ... Seht zu, dass ihr keines von diesen Kleinen verachtet! Denn ich sage euch, ihre Engel schauen allezeit im Himmel das Antlitz meines himmlischen Vaters.«

Das Kind ist wehrlos. Es kann sich vor den Erwachsenen nicht schützen. Gegen den Einfluss, der von der Geschicklichkeit, von der Erfahrung, vom überlegenen Denken der Erwachsenen ausgeht, kommt es nicht auf. Vor allem nicht, wenn der Erwachsene böse ist: ihm die Gedanken vergiftet, das Gefühl für Recht und Unrecht verwirrt, die ungeschützten kindlichen Sinne in Aufruhr bringt, Scham und Ehrfurcht zerstört. Dagegen kann das Kind sich nicht wehren. Da sagt Jesus: Hütet euch! Wo ihr nur das schwache Wesen seht, ist ein göttliches Geheimnis, zart und heilig. Wer daran rührt, tut etwas so Furchtbares, dass ihm besser wäre, man hätte ihn vorher unschädlich gemacht wie ein gefährliches Tier.

Unser Text ist eine der wenigen Stellen, wo in der Schrift vom schützenden Engel gesprochen wird, den Gott dem Menschen zugeordnet hat, damit er das Heilige in ihm hüte. Das Bild des Schutzengels ist ja auch verdorben worden, wie alles Große der Offenbarung im Laufe der Zeit verdorben worden ist. Aus dem Engel ist eine Art unsichtbarer Aufsichtsperson geworden, die das Kind davor bewahrt, von einer Brücke hinunterzufallen oder von einer Schlange gebissen zu werden. Aus dem herrlich-furchtbaren Wesen der Schrift hat man etwas Sentimentales, ja manchmal Zweideutiges gemacht. In Wahrheit ist der Engel das früheste Geschöpf Gottes. Sein Wesen hat eine unerträgliche Gewalt. Wenn er dem Menschen erscheint, lautet sein erstes Wort: »Fürchte dich nicht!« – was so viel heißt, dass er selbst die Kraft gibt, ihn zu ertragen. Zwischen Gott und ihm waltet ein Einvernehmen der Sorge um das Heilige

in dem ihm anbefohlenen Menschen; und er schützt
es, durch Irrsal, Leiden und Tod hindurch ... Und nun
sagt Christus: Wenn du an jenes Heilige in einem
Kinde rühren wolltest – hüte dich! Hinter dem Kinde
steht der Engel, und der schaut Gott. Hinter dem Kinde ist Gott offen. Wenn du ihm zu nahe trittst, tastest
du etwas an, das unmittelbar ins Verborgene Gottes
führt. Dann bekommst du es mit einem furchtbaren
Gegner zu tun. Wohl schweigt er. Es scheint nichts
zu geschehen. Aber einst wirst du innewerden, was
in Wahrheit geschah, als er dein Gegner wurde. Hier
wird die heilige Würde des Wehrlosen deutlich.

Unter der Hülle
der sichtbaren Welt

John Henry Newman

Ich sehe die Engel auch als die eigentliche Ursache der Bewegung, des Lichtes, des Lebens, dieser Grundtatsachen der physischen Welten an. Freilich, wenn ihr Wirken in unsere Sinne fällt, macht es uns lediglich den Eindruck von Ursache und Wirkung, das, was wir mit »Naturgesetz« bezeichnen. Aber jedes Lüftchen, jeder Strahl von Licht und Wärme, jedes Aufschimmern von Schönheit ist gleichsam nur der Saum des Gewandes, das Rauschen des Kleides jener, die Gott von Angesicht zu Angesicht schauen. Ich frage: Welches sollten darum die Gedanken eines Menschen sein, der eine Blume, einen Grashalm, einen Kiesel betrachtend in den Händen hält? Sollte er nicht, indem er einen Lichtstrahl schaut, der von einem niederen Wesen, als er selbst ist, zu ihm aufsteigt, sich mit einem Mal in der Gegenwart eines mächtigen Wesens finden, das sich unter der Hülle der sichtbaren Welt verhüllt, die er schaut? Eines Wesens, das seine Tätigkeit, voll der Weisheit, verheimlicht und ihnen doch die eigentliche Schönheit, ihre Anmut und Vollendung verleiht. Wollen wir nicht

annehmen, dass diese Naturerscheinungen, welche
der Mensch so leidenschaftlich erforscht, das Kleid
und das Geschmeide jenes höheren Wesens sind?

An die Engel

Hildegard von Bingen

Fürsten der Ehre, lebendiges Licht!
Heilige Engel!
Tief geneigt vor der Gottheit,
Lodernd in Sehnsuchtsgluten,
Weil nimmer ihr euch ersättigen könnet
Der heilgen Fülle,
Schaut im Geheimnisdunkel der Kreatur
Ihr die göttlichen Augen.
Welch lichte Wonnen durchjubeln eure Natur,
Weil nicht sie berührte die Urtat ds Bösen,
Die aufstand in eurem Genossen,
Dem gefallenen Engel,
Als über die innen verborgenen Zinnen der Gottheit
Den Flug er wagte und – stürzte
Qualvoll hinab in den Abgrund.
Doch seines Falles Werkzeug
Bot er in flüsterndem Rat
Dem Gebilde von Gottes Hand.

Preis sei euch, heilige Engel,
Hüter der Völker,
Deren Gebilde in eurem Antlitz sich spiegelt,

Erzengel, euch,
Die ihr die Seelen der Heiligen traget empor,
Euch, Kräfte und Mächte und Fürstentümer,
Herrschaften, Throne,
Die zum Geheimnis der Fünfzahl ihr schließet
Den heiligen Ring,
Und euch, die Siegel, ihr seid der Geheimnisse Gottes
Leuchtende Cherubim, flammende Seraphim,
Lobpreis sei euch!
Ihr schauet den Herzschlag des Alten:
Denn wie von Auge zu Auge
Seht wehen ihr
Aus dem Herzen des Vaters
Die innere Kraft.

Der Mann im Apfelbaum

Siegfried Lenz

Einen seltsamen Baum, Herrschaften, gab es bei uns in Suleyken; wohl den seltsamsten Baum von der Welt. Was sich auf seinen Zweiglein schaukelte, es waren die Blüten des Aberglaubens, und es waren — aber ich will der Reihe nach erzählen. Vierunddreißig Apfelbäume, so wird berichtet, besaß der Adam Arbatzki, keinen aber pflegte und bevorzugte er mehr als den, welcher unmittelbar neben seinem Häuschen stand. Es war, betrachtete man alles aus der Entfernung, ein sonderbares Verhältnis, das dieser Adam Arbatzki mit seinem Bäumchen hatte: nicht nur, dass er ihm reichlich und vom besten Dünger gab, dass er zur Zeit der Nachtfröste ein Koksöfchen neben ihm aufstellte — zuweilen, wie mehrmals festgestellt wurde, pflegte er sich sogar mit ihm zu unterhalten. Plauderte schließlich so ungeniert mit dem Bäumchen, bis seine Frau, ein ganz junges Marjellchen namens Sofja, einiges mitbekam und ihn darob mit folgenden Worten zur Rede stellte: »Ich habe, Adam, im letzten Winter rechnen gelernt. Und ich habe ausgerechnet, dass du bei Sonne vier, bei Regen sieben Sätze mit mir redest. Mit meinen Ohren aber, die ich habe, um zu hören, habe ich erlauscht, dass du mit jenem Bäumchen, das immer mehr in die Breite geht und schon in alle Fenster hineinlugt, mehr als zehn Sätze sprichst. Demzufolge möchte ich bitten um Aufklärung. Das ist ja wohl möglich.«

Adam Arbatzki, er lächelte mild und müde, besann sich ein wenig und sprach mit leiser Stimme: »Die zehn Sätzchen, moia Zonka, die ich sprech' zu dem Baum, sprech' ich zu mir selbst. Denn dies Bäumchen ist niemand anderes als meine Wenigkeit. Ich habe es gepflanzt, damit ich schlüpfen kann in es, wenn ich tot bin. Und damit ich aufpassen kann auf dich, Sofja. Du bist noch jung, moia Zonka, und wer jung ist, stellt sich womöglich ziemlich dreibastig an. Somit möchte ich dich schon heute ein bisschen warnen. Das Bäumchen — und das heißt ich — kann hineinlugen in alle Fenster und sehen, was vor sich geht. Wenn zuviel vor sich geht nach meinem Tode, werd ich mich schon auf gewisse Weise melden.«

Dies Gespräch fand statt an einem Dienstag; an einem Mittwoch legte sich Adam Arbatzki ins Bett, an einem Donnerstag schickte er nach dem Arzt, und da er sich an dem Arzt nicht vergriff, sondern schluckte, was dieser ihm verschrieb, starb er an einem Sonntag zur Kaffeezeit. Eigentlich war er auch alt genug dafür. Na, die Sofja, das kribblige Marjellchen, sorgte sich, dass ihr Adam Arbatzki ein schönes Plätzchen fand, mottete seine Jacken und Hosen ein und verhielt sich ruhig. Wenigstens einstweilen. Aber nach und nach

ließ sie die Trauer hinter sich — war ja auch zu jung, um sich künftighin nur zu grämen — und erging sich in dem, worin das Leben, scheint's, zur Hauptsache besteht: nämlich in Geschäftigkeit. Diese Geschäftigkeit führte sie, was keinen wundern wird, gelegentlich auch unter das Bäumchen des Adam Arbatzki. Aber statt ihm Dünger anzubieten, ein Eimerchen voll bester Jauche oder ein Koksöfchen für die Nachtfröste, bot sie ihm nur scheele Blicke. Rupfte sich, im Vorbeigehen, auch mal einen Zweig ab, schlug mit dem Fuß dagegen oder machte sonst was — alles nur, um zu sehen, wie weit der alte Adam Arbatzki wirklich in dem Bäumchen enthalten sei. Und da auf ihre Versuche nichts Außergewöhnliches geschah, kein Ächzen erfolgte, kein Stöhnen, Rauschen oder Schimpfen, ließ sie eines Tages, weil der Baum ihr quasi ein ungeheurer Splitter im Auge war, einen fremden Knecht kommen und sprach zu dem: »Hacke mir«, sprach sie, »Knecht, dieses runzlige Ding weg. Schön ist es nicht, wachsen tut es nicht mehr, und die Äpfel, die es abwirft, kann kein Mensch in den Mund nehmen. Außerdem nimmt mir das Gewächs das Licht weg für alle Stuben.«
Der Knecht, ein gewisser Sbrisny, holte sich darauf seine Axt, holte sich noch dazu ein Fuchsschwänzchen und ein Seil und schickte sich an, dem Adam Arbatzki im Baume den Garaus zu machen. Bis hierher ging auch alles gut.
Aber nun frage ich: wer, Herrschaften, würde von uns

stumm zusehen, wenn ein gewisser Sbrisny käme, uns ein Seil um den Hals legte und dann anfinge, mit seinem Fuchsschwänzchen an unseren Beinen herumzusägen? Ich will doch hoffen, da würde sich niemand ruhig verhalten. Na also. Und darum ist auch nicht zu erwarten, dass sich der Adam Arbatzki im Baume ruhig verhielt: als sich der Knecht mit der Säge gerade bückte, flog ihm ein morscher Ast so eindrucksvoll auf den Schädel, dass er sich nicht wieder hochrecken konnte. Musste im Fuhrwerk nach Hause geschafft werden, dieser Sbrisny, und mied den bezeichneten Baum von Stund an.

Darauf ging das Marjellchen Sofja wie wandelnd unter das Bäumchen, lauschte ein Weilchen, sah sich alles genau an und wisperte: »Der Knecht Sbrisny, Adam Arbatzki, hat immer geholfen bei den Rüben. Und das Heu hat er eingefahren. Es schickt sich nicht, wenn du ihm so schlägst auf den Dassel. Ein Ast zieht schlimmer als die Hand.«

Das Bäumchen schwieg dazu, und Sofja, die junge Witwe, ging in ihr Haus und überlegte.

Überlegte, ob er kommen solle oder nicht — er: damit ist gemeint das kräftige Bürschchen Egon Zagel, ein Lachudder weit und breit, worunter man sich vorzustellen hat einen Lümmel. Schließlich, weil sie in sich pochen fühlte eine Sehnsucht, entschied sie, dass er gegen Abend zu ihr kommen solle, und sie gab ihm Bescheid.

So kam Egon Zagel auf seinen — wenn es erlaubt ist, zu sagen — schiefgelaufenen Latschen der Liebe ins Häuschen und ging ohne Umschweife der Tätigkeit eines Freiers nach. Aber mitten im Prahlen und Ringeln, im Drehen und Scharwenzeln — was geschah da? Was man erwartet hat: Adam Arbatzki im Baum schlug mit den Ästen gegen die Fenster, knarrte im Wind und kratzte mit verschiedenen Zweigen am Strohdach. Tat das unablässig und derart aufdringlich, dass die Sofja sich erhob und zu dem Freier sprach: »Du könntest, Egon Zagel, bitte schön, hinausgehen und dem Baum ein paar Äste nehmen. Besonders die, mit denen er uns nicht in Ruhe lässt.« »Das wird«, sprach der Freier, »geordnet in zwei Minuten.« Schnappte sich ein Küchenmesser und trat unter den Baum, um die fraglichen Äste auszumachen. In diesem Augenblick schüttelte sich Adam Arbatzki so, dass das Bürschchen erst einmal gehörig nass wurde, und als es sich, mit zwei, drei Schritten, in Sicherheit bringen wollte, stellte ihm der Adam Arbatzki ein Bein, genauer gesagt, er stellte dem Lachudder eine Wurzel, woraufhin dieser dergestalt stolperte und sich drehte, dass ihm das Küchenmesser in eine seiner bemerkenswerten Hinterbacken fuhr. Der jungen Witwe blieb es vorbehalten, das Küchenmesser herauszuziehen und zu säubern, und es braucht nicht gesagt zu werden, dass jener Freier ziemlich rasch verduftete.

Ja, und nun begann es sich allmählich herumzu-
sprechen, was mit dem Bäumchen los war, und es
gab nicht wenige in Suleyken, die es höflich grüßten
und hin und wieder auch ein Wörtchen zu ihm sprachen. Vor allem fand sich keiner, der bereit gewesen
wäre, das Marjellchen Sofja als regelrechte Witwe
anzusehen — ein Umstand, der ihr außerordentlich
zu Herzen ging und sie, wo nicht schwermütig, so
doch ratlos machte. Dieser Zustand hielt auch ein
paar Jährchen an. Aber in ihrem Kopf rumorte es,
rumorte so lange, bis ergrübelt war ein neuer Plan,
wie dem Bäumchen zur Rinde zu gehen wäre. Und
sie ließ kommen einen auswärtigen Knecht aus
Schissomir, einen düsteren Menschen namens
Strichninski, der von nichts wusste. Diesem wurde
aufgetragen, eine Fackel an das Bäumchen zu legen
und es sachte abpesern zu lassen.
Wickelte auch gleich, dieser Strichninski, ein Stück
Sackleinwand um einen Knüppel, tauchte ihn in Teer,
zündete ihn an und warf ihn gegen das Bäumchen.
Und jetzt mag man es glauben oder nicht: die Fackel
prallte so forsch ab, als ob der Baum sie zurück-
geschleudert hätte; sie flog zu jenem Strichninski
zurück und leckte ihm einmal über die Visage, was
bewirkte, dass er schreiend davonrannte.
Wieder trat Sofja, die junge Witwe, in den Garten und
beschimpfte Adam Arbatzki im Baum. Aber der blieb
stumm.

Schon war das Marjellchen daran, sich für immer in ihr Geschick zu fügen, als sich ein kleiner, lebhafter Gärtner mit Namen Butzereit bei ihr einstellte, der von ihrem Unglück vernommen hatte. Kam also zu ihr und sagte: »Was man zu hören bekommt über den Adam Arbatzki im Baum, es stimmt einen nachdenklich. Aber wer, frage ich, wird sich nicht wehren, wenn man ihm fährt an die Haut? Da muss man anders handeln. Gegen entsprechende Vergütung würde ich es schon übernehmen.«

»Es wird«, sagte Sofja, »alles vergütet bei Gelegenheit.«

Was bleibt mir zu sagen? Dieser kleine, lebhafte Gärtner nahm ihre Hand und sagte: »Ich werde«, sagte er, »das Bäumchen verschönern. Dagegen wird es wohl nichts haben. Es geht alles ohne Gewalt.«

Und er ging hin und begann das Apfelbäumchen auf verschiedene Weise zu veredeln: durch, wie es heißt, Äugeln, durch Geißfußpropfen und Kerbeln. Setzte ihm hier einen Haselnussast an, da einen Zweig vom Birnbaum, verwendete Kastanien, Birken, Weiden und sogar Linden und pfropfte dem Bäumchen alles auf unter ständigen Schmeicheleien. Und das Bäumchen, es ließ sich das auch gefallen — womit es, wie jeder Kundige einsehen wird, überlistet war. Denn es wuchs nun, ja, wohin wuchs es eigentlich? Auf einer Seite hingen Haselnüsse, auf der anderen Äpfel, hier waren es Kastanien, da Kruschken, mit einem Wort: Adam Arbatzki im Baum verlor so allmählich seine Natur, wuchs sich gewissermaßen aus. Was zuletzt von ihm nachblieb, war nur der Stamm. Sagt selbst, Herrschaften, geben Beine noch einen Menschen ab? So also verzweigte und verzettelte sich jener Adam Arbatzki, weil er nichts gegen eine Veredelung hatte. Wer nach Suleyken kommt, kann ihn übrigens immer noch dort sehen: den wahrscheinlich seltsamsten Baum von der Welt.

Lichtwesen

Uwe Seidel

Engel
sind biblische Wesen.
Sie sind keine Gestalten meiner Einbildung
und Fantasie.
Sie kommen als Boten Gottes.
Als Gesandte und als Helfer
kommen sie zu uns Menschen.

Sie erfüllen uns mit Feuer und Flamme,
begleiten uns auf unseren Wegen,
trösten uns in tristen Zeiten
und bringen uns mit der
»Freude, die allem Volke widerfahren wird«
aus der Fassung.

Sie lieben die Überraschungen –
nicht nur zu Weihnachten –.
Zu Ostern verkünden sie den Durchbruch
vom Tod zum Leben.
Wenn wir denken »Es ist alles aus!«,
sind sie Zeichen für die Nähe Gottes.

Als Lichtwesen durchleuchten sie
unsere Schattenseiten und machen uns hell.
Wenn wir uns in der Finsternis verrannt
haben,
beleuchten sie die guten Möglichkeiten
für neue Lichtblicke.
Immer wieder senden sie Licht
ins Dunkle – unaufhörlich,
damit uns das Dunkle nicht verschlinge.

Sie bezeugen den Frauen am Grab:
»Jesus ist lebendig, auferstanden gegen den
Tod!«
Sie erzählen von der Zukunft Gottes
unter den Menschen
und von unserer Erlösung sind sie erfüllt
mit Feuer und Flamme.

✴ ✴ ✴ ✴ ✴ ✴ ✴ ✴ ✴ ✎ ✴ ✴ ✴ ✴ ✴ ✴ ✴ ✴ ✴

Der Engel des Mutes
schenke dir Kraft
für alle Zeit

Der Laden

Gerhard Schöne

War es Traum oder wirklich, als ich in dieser Stadt
irgendwo in Gedanken jenen Laden betrat?
Hinterm Tisch dieser Händler wirkte irgendwie fremd.
Verbarg mühsam zwei Flügel unterm lichtweißen Hemd.

Das Regal war bis unter die Decke
voll mit Tüten und Schachteln gestellt.
Doch im Dämmerlicht konnt' ich nicht sehen,
was die eine um die andre enthält.

Nun, ich fragte den Händler: »Was verkaufen Sie
hier?«
»Alles, was Sie sich wünschen, alles gibt es bei mir.
Das, wonach Sie sich sehnen, was Sie froh machen kann,
was Sie schon nicht mehr hofften, alles biete ich an.«

Oh, wie hab ich mich da vor dem Händler
mit dem Wünscheaufsagen beeilt:
»Sie, ich möchte das Schweigen der Waffen
und die Brötchen viel besser verteilt.

Mehr Verstand in die Köpfe. Aus den Augen die Gier.
Eltern Zeit für die Kinder. Achtung vor jedem Tier.
Helle Zimmer für alle, Arbeit je nach Talent ...«
Als ich Luft holen wollte, sprach er: »Kleinen Moment!

Sicher haben Sie mich falsch verstanden.
Wie ich hör', wolln Sie Früchte von mir.
Ach nein, nein, ich verkauf' keine Früchte,
nur die Samen dafür!«

Das Gebet

Leo Tolstoi

Euer Vater weiß, was ihr braucht, noch ehe ihr ihn bittet.

(Mt 6,8)

»Nein, nein, nein! Das ist unmöglich! Herr Doktor! Lässt sich denn nichts machen? Warum schweigt ihr denn alle?«

So sprach eine junge Mutter und kam mit großen, energischen Schritten aus dem Kinderzimmer, wo ihr dreijähriges Söhnchen, ihr Einziger, im Sterben lag. Das Kind hatte eine schwere Gehirnentzündung. Ihr Mann und der Arzt, die leise miteinander gesprochen hatten, verstummten. Der Mann ging zaghaft auf sie zu, berührte liebkosend ihren zerzausten Kopf mit der Hand und seufzte schwer. Der Arzt stand mit gesenktem Kopf da und gab durch sein Schweigen und seine Regungslosigkeit zu verstehen, dass nichts mehr zu hoffen war.

»Was soll man da machen?«, sagte der Mann. »Liebste, was soll ...«

»Ach, rede nicht so, rede nicht so!«, rief sie zornig und vorwurfsvoll, drehte sich schnell um und wollte wieder in die Kinderstube gehen.

Der Mann versuchte sie zurückzuhalten. »Katja, geh nicht ...«

Ohne zu antworten, sah sie ihn mit großen, müden Augen an und ging in die Kinderstube.

Der Knabe lag auf den Armen der Wärterin; unter seinen Kopf war ein weißes Kissen geschoben. Seine Augen waren offen, aber er sah nichts mehr. An dem zusammengepressten Mund hing Schaum. Die Wärterin sah mit strengem, feierlichem Gesicht an dem Gesicht des Kindes vorbei und rührte sich beim Eintreten der Mutter nicht. Als die Mutter dicht an sie herantrat und ihre Hand unter das Kissen schob, um das Kind von der Wärterin entgegenzunehmen, sagte die Wärterin leise: »Er ist im Verscheiden!«, und wich der Mutter aus.

Aber die Mutter ließ sich nicht beirren und nahm den Knaben mit einer raschen, gewohnheitsmäßigen Bewegung auf ihren Arm. Die langen, lockigen Haare des Knaben waren ganz verwirrt. Sie strich sie zurecht und sah ihm ins Gesicht.

»Nein, ich kann nicht«, flüsterte sie, gab ihn mit einer schnellen, aber behutsamen Bewegung der Wärterin zurück und ging aus dem Zimmer.

Das Kind war schon zehn Tage krank. Während der Krankheit hatten im Herzen der Mutter mehrere Male am Tage Hoffnung und Verzweiflung gewechselt. In dieser ganzen Zeit hatte sie kaum anderthalb Stunden am Tage geschlafen.

Die ganze Zeit über war sie immer wieder in ihr Schlafzimmer gegangen, hatte sich vor das große Bild des Heilands im goldenen Rahmen gestellt und zu Gott gefleht, er möge ihr Kind retten. Der Heiland mit dem schwarzen Gesicht hielt in der kleinen schwarzen Hand ein vergoldetes Buch, auf dem in schwarzer Emaille geschrieben stand: »Kommet her zu mir alle, die ihr mühselig und beladen seid, ich will euch erquicken.«

Sie stand vor dem Bild und betete, legte alle Kräfte ihrer Seele in dieses Gebet. Und obgleich sie im innersten Herzen auch während des Gebetes fühlte, dass sie den Berg nicht von seinem Platz rücken könne und dass Gott nicht nach ihrem, sondern nach seinem Willen handeln werde, so betete sie doch, sprach die bekannten Gebete und eigene, deren Wortlaut sie selbst erfand und mit besonderer Anstrengung laut vor sich hin sprach.

Jetzt, als sie begriffen hatte, dass ihr Kind tot war, fühlte sie, dass in ihrem Kopf etwas vorging, wie wenn etwas sich losgerissen hätte und in der Luft umherwirbelte; und als sie in ihr Schlafzimmer trat, sah sie alle Dinge ganz erstaunt an, als wenn sie den Raum gar nicht mehr wiedererkenne. Dann warf sie sich auf das Bett und fiel mit dem Kopf nicht auf das Kissen, sondern auf den zusammengelegten Schlafrock ihres Mannes. Sie verlor die Besinnung.

Und nun träumt sie, dass ihr Kostja gesund und

munter mit seinem Lockenkopf und dem feinen wei
ßen Hals auf seinem Lehnstühlchen sitzt, mit den
runden Waden zappelt und, die Lippen vorgestreckt,
seine Puppe, einen Jungen, sorgsam auf ein dreibeiniges Papp-Pferd mit einem Loch im Rücken setzt.

»Wie gut, dass er noch lebt«, denkt sie, »und wie
grausam, wenn er gestorben wäre. Warum? Konnte
Gott, zu dem ich so gebetet habe, es denn zulassen,
dass er stirbt? Was hat Gott davon? Stand er denn
jemandem im Wege? Weiß Gott denn nicht, dass
mein ganzes Leben in ihm liegt, dass ich ohne ihn
nicht leben kann? Und nun plötzlich mir dieses unglückliche, liebe, unschuldige Geschöpf nehmen, es
so furchtbar martern, mein ganzes Leben zerschlagen und mein ganzes Flehen dadurch erwidern, dass
seine Augen starr werden, sein Körperchen sich
langreckt, kalt und steif wird!«

Und wieder sieht sie ihn. Da kommt er gegangen.
Er ist so klein und geht durch eine so hohe Tür und
fuchtelt mit den Armen wie ein Erwachsener. Und er
sieht sie an und lächelt.

»Der liebe Junge! Und den wollte Gott zu Tode martern und sterben lassen! Warum denn noch zu ihm
beten, wenn er so Entsetzliches tun kann?«

Und plötzlich fängt Matrjoscha, das kleine Mädchen, das der Wärterin als Gehilfin beigegeben ist,
ganz seltsame Dinge an zu reden. Die Mutter weiß,
dass es Matrjoscha ist, und doch ist es wieder nicht

Matrjoscha, sondern ein Engel. »Wenn sie aber ein Engel ist, warum hat sie denn keine Flügel?«, denkt die Mutter. Dabei fällt ihr jedoch ein, dass irgendjemand – sie weiß nicht mehr wer, aber jedenfalls ein Mensch, der Vertrauen verdient – ihr gesagt hat, dass es jetzt Engel auch ohne Flügel gebe. Und der Engel Matrjoscha spricht: »Sie tun nicht recht daran, gnädige Frau, mit dem lieben Gott zu hadern. Er kann es nicht allen recht machen. Mancher bittet ihn um Dinge, die er nicht erfüllen kann, ohne anderen wehe zu tun. Sehen Sie doch, worum jetzt in ganz Russland gebetet wird, und noch von was für Leuten! Die größten Bischöfe, die Mönche in den Kathedralen und in den Kirchen mit den heiligen Reliquien beten um Sieg über die Japaner. Und ist denn das etwas Gutes? Darum dürfte man gar nicht bitten, und er kann es doch keinem recht machen. Denn die Japaner beten auch, er möge ihnen den Sieg verleihen. Und er ist unser aller Vater. Was soll er denn da tun? – Was soll er denn da tun, gnädige Frau?«, sagt Matrjoscha.

»Ja, so ist es. Das ist eine alte Geschichte. Das hat schon Voltaire gesagt. Alle wissen das, und alle sagen das. Aber ich rede nicht davon. Warum kann er meine Bitte nicht erfüllen, wenn ich ihn um nichts Schädliches bitte, sondern nur darum, dass er meinen lieben Jungen nicht sterben lasse? Ich kann doch ohne ihn nicht leben«, sagt die Mutter und fühlt, wie er ihren Hals mit seinen runden Ärmchen umschlingt, und mit ihrem Körper fühlt sie sein warmes Körperchen. »Wie gut, dass es nicht so gekommen ist«, denkt sie.

»Es ist doch nicht nur das, gnädige Frau«, sagt Matrjoscha ganz so albern wie immer. »Es ist nicht nur das allein. Es kommt auch vor, dass nur einer um etwas bittet und der liebe Gott es doch nicht erfüllen kann. Wir wissen das ganz genau. Ich weiß es, weil ich ihm doch alles zu melden habe«, sagt der Engel Matrjoscha ganz mit derselben Stimme, mit der sie gestern, als die gnädige Frau sie zum gnädigen Herrn schickte, der Wärterin sagte: »Ich weiß, dass der gnädige Herr zu Hause ist, denn ich habe ihm Meldung machen müssen.«

»Wie oft habe ich ihm melden müssen«, erzählt Matrjoscha, »dass irgendein guter Mensch – meist sind es junge Leute – ihn bittet, er möge ihm helfen, dass er keine schlimmen Dinge mehr treibe, sich nicht betrinke, vom liederlichen Leben lasse; er bittet ihn, er möge ihm das Laster aus dem Herzen ziehen wie einen Splitter aus dem Finger.«

»Wie gut die Matrjoscha redet«, denkt die Dame.

»Er kann das aber nicht tun, denn ein jeder muss sich selbst Mühe geben. Nur wenn man sich Mühe gibt, hat man Nutzen. Sie selbst, gnädige Frau, haben mir die Geschichte vom schwarzen Huhn zu lesen gegeben. Da wird erzählt, wie das schwarze

Huhn dem Knaben, der ihm das Leben gerettet hatte, ein verzaubertes Hanfkörnchen gab. Und solange er das Körnchen in der Hosentasche hatte, wusste er alle seine Lektionen, ohne sie gelernt zu haben. Aber von diesem Hanfkorn wurde er ganz faul, lernte gar nichts mehr und verlor sein Gedächtnis vollkommen. Gott der Herr kann das Böse nicht aus dem Herzen des Menschen nehmen. Und die Menschen sollen ihn nicht darum bitten, sondern sollen es selbst aus sich herausreißen, herausspülen, herauswinden.«

»Woher kennt sie bloß all diese Worte?«, denkt die Dame und sagt: »Du antwortest aber doch nicht auf meine Frage, Matrjoscha.«

»Lassen Sie mir nur Zeit, ich sage Ihnen schon alles«, erwidert Matrjoscha. »Manchmal kommt es auch so: ich melde, dass eine Familie unschuldig ins Elend gekommen ist; alle weinen; statt in guten Stuben wohnen sie in einem Winkel, haben nicht einmal Tee; sie bitten um irgendeine Hilfe. Und doch kann ihr Wunsch nicht erfüllt werden, denn der Herr weiß, dass ihnen auch das zum Heil werden soll. Sie sehen es nicht, aber er, der allmächtige Vater, weiß, dass sie ganz und gar verludern würden, wenn sie im Wohlstand lebten.«

»Das ist wahr«, denkt die Dame, »warum redet sie aber in so niedrigen Ausdrücken von Gott? ›Verludern‹ – das ist gar nicht schön. Bei Gelegenheit sage ich es ihr ganz bestimmt.«

»Ich frage aber gar nicht danach«, wiederholt die Mutter noch einmal. »Ich frage: warum, wofür wollte Gott mir meinen Jungen nehmen?« Und die Mutter sieht ihren Kostja lebend vor sich und lauscht seinem glockenhellen, ganz eigenartigen, lieben Kinderlachen. »Warum haben sie ihn mir genommen? Wenn Gott das tun konnte, so ist es ein böser, schlechter Gott, und ich brauche ihn gar nicht und will nichts von ihm wissen.«

Was ist aber das? Matrjoscha ist gar nicht mehr Matrjoscha, sondern ein ganz anderes, neues, seltsames, geheimnisvolles Wesen, und dieses Wesen spricht nicht laut mit den Lippen, sondern auf ganz besondere Weise unmittelbar zu dem Herzen der Mutter.

»Du elendes, schwaches und dreistes, eingebildetes Geschöpf!«, sagt dieses Wesen. »Du siehst deinen Kostja, wie er vor einer Woche mit seinen kräftigen, elastischen Gliedern, seinen langen, lockigen Haaren und seiner naiven, freundlichen und verständigen Rede war. Aber war er denn immer so? Es gab eine Zeit, wo du dich freutest, dass er ›Mama‹ und ›Papa‹ sagen konnte und wusste, wen er mit jedem dieser Worte meinte; und noch früher freutest du dich, wenn er aufrecht vor dir stand und schwankend auf seinen weichen Füßchen auf deinen Stuhl zulief; noch früher wart ihr alle entzückt, als er wie ein kleines Tier auf dem Boden krabbelte; und noch früher

freutet ihr euch, dass er euch erkannte, dass er sein
haarloses Köpfchen mit dem atmenden Wirbel heben konnte; und noch früher freutest du dich darüber, dass er die Brustwarze in den Mund nahm und
sie mit seinen zahnlosen Kiefern zusammenpresste.
Und noch früher freutet ihr euch, dass er, feuerrot
und noch nicht von dir losgelöst, jämmerlich schrie,
um die Kraft seiner Lungen zu erproben. Und noch
früher, vor einem Jahr, wo war er, als er noch gar
nicht da war? Ihr alle bildet euch ein, dass ihr still-
steht und dass ihr und jene, die ihr lieb habt, immer
so bleiben müssen, wie sie augenblicklich sind. Ihr
steht aber keinen Augenblick still, ihr fließt wie ein
Strom, ihr fliegt wie ein Stein, immer abwärts, dem
Tode entgegen, der früher oder später eurer aller
harrt. Wie begreifst du denn nicht, dass, wenn er
aus Nichts zu dem geworden ist, was er war, er auch
keinen Augenblick stillgestanden wäre und nie so
geblieben wäre, wie er war, als er starb? Wie er aus
dem Nichts zum Säugling wurde, aus dem Säugling
zum Kind, so wäre er aus dem Kind zum Schuljun-
gen, zum Jüngling, zum jungen Mann, zum Erwachsenen, zum alternden Mann, zum Greis geworden.
Du weißt ja nicht, was er geworden wäre, wenn er
weitergelebt hätte. Ich aber weiß es.«
Und nun sieht die Mutter in einem hell durch elek-
trische Lampen beleuchteten Sonderzimmer eines
Restaurants (ihr Mann hatte sie einmal in ein sol-

ches Restaurant mitgenommen) an einem Tisch mit
den Resten eines Abendessens einen schwammigen,
runzligen, widerlichen alten Mann mit aufgezwirbel-
tem Schnurrbart, der jünger scheinen möchte, als er
ist. Er sitzt ganz eingesunken in einem weichen Diwan
und mustert mit gierig trunkenen Augen eine laster-
hafte, geschminkte Frauensperson mit nacktem, di-
ckem Hals und schreit mit betrunkener Stimme ein
unanständiges Scherzwort, das er mehrmals wiederholt, wohl infolge des beifälligen Lachens eines anderen Paares von derselben Art wie er und seine Dame.
»Das ist nicht wahr, das ist nicht mein Kostja!«, ruft
die Mutter, den ekelhaften Greis mit Entsetzen betrachtend. Das ist ja das Entsetzliche, dass in seinem Blick, seinen Lippen etwas ist, was an die Ei-
genart des kleinen Kostja erinnert. »Gut, dass das
nur ein Traum ist«, denkt sie. »Der wirkliche Kostja
ist hier.« Und sie sieht ihren Kostja weich und nackt
mit runder Brust, wie er in der Wanne sitzt und la-
chend mit den Beinchen strampelt. Sie sieht ihn
nicht nur, sie fühlt, wie er plötzlich ihren bis zum Ell-
bogen entblößten Arm fasst und ihn küsst und küsst
und endlich beißt, weil er gar nicht mehr weiß, was
er mit diesem lieben Arm noch machen könnte.
»Ja, das ist mein Kostja, und nicht jener entsetzliche
Greis«, sagt sie zu sich selbst. Und bei diesen Worten
erwacht sie und wird sich mit Grauen der Wirklichkeit
bewusst, aus der nun kein Erwachen mehr möglich ist.

Sie geht in die Kinderstube. Die Wärterin hat Kostja schon gewaschen und angezogen. Er liegt erhöht, sein Näschen ist spitz und wachsgelb, neben den Nasenlöchern haben sich kleine Grübchen gezeigt, und das Haar ist aus der Stirn gestrichen. Rundherum brennen Kerzen, und zu Häupten des Kindes stehen auf einem Tischchen weiße, violette und rosa Hyazinthen.

Die Wärterin steht von ihrem Stuhl auf und blickt mit hochgezogenen Brauen und vorgeschobenen Lippen auf das aufwärts gerichtete, steinern unbewegliche Gesichtchen. Aus einer andern Tür kommt Matrjoscha mit ihrem gutmütigen, einfachen Gesicht und ganz verweinten Augen.

»Sie hat mir gesagt, ich sollte mich nicht grämen, und nun weint sie selbst«, denkt die Mutter. Und sie richtet den Blick auf das tote Kind. Im ersten Augenblick ist sie überrascht und abgestoßen durch die furchtbare Ähnlichkeit des toten Gesichtchens mit dem Gesicht des alten Mannes, den sie im Traum gesehen hat; sie weist aber diesen Gedanken von sich, bekreuzigt sich und berührt mit ihren warmen Lippen die kalte, wächserne Stirn. Dann küsst sie die gefalteten, erstarrten Händchen, und plötzlich scheint ihr der Duft der Hyazinthen etwas Neues darüber zu sagen, dass er nicht mehr sei und nie mehr sein werde, und die Tränen drohen sie zu ersticken. Sie küsst noch einmal seine Stirn, und zum ersten

Mal weint sie jetzt. Sie weint, aber es sind keine hoffnungslosen Tränen, sondern Tränen der Demut und Rührung. Sie leidet, aber sie ist nicht mehr empört, sie klagt nicht, sondern weiß, dass das, was geschehen ist, geschehen musste und darum gut ist.

»Es ist eine Sünde, so zu weinen«, sagt die Wärterin, tritt zu der kleinen Leiche und wischt mit dem zusammengelegten Taschentuch die Tränen der Mutter weg, die auf Kostjas wächserne Stirn gefallen sind. »Die Tränen quälen sein liebes Seelchen nur. Ihm ist jetzt wohl. Er ist ein sündloser Engel. Und wäre er am Leben geblieben, wer weiß, wie es dann gekommen wäre.«

»Ja, ja, aber es tut doch weh, so weh!«, sagt die Mutter.

Tagesthemen

Anne Steinwart

Warum verschweigen
Zeitung und Nachrichtensprecher
den Schutzengel
der heute dabei war
mitten im Chaos
Und den Mut
der täglich geprobt wird
mitten im Alltag
Den festen Händedruck
der Freundschaft besiegelt
mitten in Krisen
Warum verschweigen sie
Wolken und Sterne
den Wind der nicht aufhört
zu säen
Selbst Nachtigallen
soll es noch geben

Der Engel
und die Weltherrschaft

Martin Buber

Es war zu einer Zeit, da aus dem Willen des Herrn, in dessen Hand Ursprung und Ende eines jeglichen Dinges ist, Pein und Siechtum ungemessen sich über die Erde ergoss. Die Luft war vom Dunst der Tränen beschwert und vom Hauch der Seufzer trüb. Wehmut lag über den Heerscharen selber, die den Thron umstehn. Unter ihnen aber war einer, dem hatte das Leid, auf das er niederblickte, die Seele verstört. Wenn er seine Stimme in den Gesang der andren mengte, rang der Zweifel in ihm mit der Treue, seine Gedanken lehnten sich auf und vermaßen sich am Herrn. Nimmermehr konnte er verstehn, warum Tod und Verderben die Bindeglieder sind in der Kette des Geschehens. Da empfand er einmal erschauernd, wie das Auge des Seienden in sein Auge drang und die Verwirrung seines Herzens erfasste. Er reckte sich auf und trat vor den Herrn, aber seine Kehle versagte, als er reden wollte. Der Herr jedoch rief ihn mit Namen und berührte seine Lippen. Nun fing der Engel zu reden an. Er begehrte, dass Gott die Führung der Erde für die Frist eines

Jahres in seine Hände geben möge; er wolle sie zum
Guten führen. Die Scharen erzitterten um den Ver-
wegenen. Dann aber erstrahlten die Himmel unter
dem Lächeln Gottes. Er blickte den Heischenden
liebreich an und sprach die Gewährung aus. Erglü-
hend hob der Engel sich von hinnen.

Nun kam ein Jahr der Wonne und der Anmut über
die Erde. Der lichte Engel schüttete den ganzen
Überfluss seines gnadenseligen Herzens auf ihre
verängstigten, in Nöten erstarrten Kinder. Kein
Schrei des Siechtums und des Sterbens störte die
rauschenden Harmonien. Der dunkle Genoss in der
stählernen Rüstung, der vor kurzem noch brausend
durch die Lüfte geeilt war, stand mit gesenktem
Schwert, seines Amtes entsetzt, in verdrossenem
Warten bei Seite. So schwebte die Erde erst in einem
Blütenhimmel, dann lag auf ihr die Last der Frucht.
Die Menschen zogen, als der Sommer reif war, sin-
gend durch die sattgelben Felder, kein Sterblicher
wusste sich solchen Segens zu entsinnen. Die Ern-
te kam, und es schien, als ob die Mauern bersten
und die Dächer sich heben müssten, um all der Fülle
Raum zu bieten.

Der helle Engel lebte in einer Glorie stolzer Zufrie-
denheit. Ging auch die Herrschaft an dem Tag, da
der erste Winterschnee die Fluren deckte, wieder in
Gottes Hände über, so hatte er doch Güte so über
alles Maß gespendet, dass die Söhne der Irdischen

auf eine lange Zeit der Gaben sich erfreuen würden. Es kam aber ein kühler, später Tag im Jahr, da scholl ein tausendstimmiges Wehgeschrei empor. Erschreckt fuhr der Engel zur Erde nieder und trat, als Pilger angetan, in das erste Haus am Weg. Sie hatten das Korn gedroschen, zu Mehl gemahlen und zu Brot gebacken – aber, weh, das Brot, das aus der Glut stieg, zerfiel in Stücke, und die Stücke waren ungenießbar, sie erfüllten den Mund mit widerlichem Erdgeschmack. Und so war es im zweiten Haus und im dritten und überall, wo der Engel seinen Fuß hinsetzte. Die Menschen lagen am Boden, rissen sich die Haare und fluchten dem König der Welt, der ihre armen Herzen mit seinem falschen Segen genarrt habe.

Der Engel flog hinweg und stürzte seinem Meister zu Füßen. »Herr«, schrie er, »lass mich verstehn, wo in meiner Kraft und Aufsicht der Mangel lag!«

Da erhob Gott seine Stimme und sprach: »Es ist ein Ding bei mir, und bei mir allein seit Anbeginn, zu schwer und zu grausig für deine sanften Geberhände, mein freundlicher Gesell, – das heißt, die Erde mit Fäulnis nähren und mit Schatten decken, dass sie aus dem Samen gebäre, – das heißt, die Seelen mit Blut und Schmerzen fruchtbar machen, dass das Werk aus ihnen erstehe.«

Mögest du von Engeln umgeben und behütet sein

Christa Spilling-Nöker

Mit den Engeln hat es etwas Wunderbares auf sich.
Man hört sie nicht, man sieht sie nicht,
man kann sie im wahrsten Sinne des Wortes
nicht begreifen,
und sie sind dennoch gegenwärtig,
die Lichtboten einer anderen Welt.

Wenn alles in dir schwer ist,
beflügeln sie dich mit neuem Schwung.
Sie lassen dir auch deiner Seele Trost zuwachsen
und beschenken dich mit dem Mut,
etwas Neues in Angriff zu nehmen.

Mögest du dich stets
auf die Kraft der Engel verlassen können
und darauf vertrauen, dass du von Tag zu Tag,
von Nacht zu Nacht behütet und geborgen bist.

Quellenverzeichnis

Texte

Werner Bergengruen, Der Schutzengel. Aus: Werner Bergengruen, Die schönsten Novellen. Mit einem Nachwort von Luise Hackelsberger © 1963, 1987, 1998 by Arche Literatur Verlag AG, Zürich-Hamburg.

Werner Bergengruen, An den Engel I und II. Aus: Werner Bergengruen, Figur und Schatten, Zürich 1968 © Dr. Luise Hackelsberger, Neustadt/Weinstraße.

Clemens Bittlinger, Das Geschenk. Alle Rechte beim Autor.

Phil Bosmans, Es gibt noch Engel in der Welt. Aus: Phil Bosmans, Worte zum Menschsein © Verlag Herder GmbH, Freiburg im Breisgau 2. Aufl. 2007.

Martin Buber, Der Engel und die Weltherrschaft. Aus: Martin Buber, Erzählungen von Engeln, Geistern und Dämonen © 2001, Gütersloher Verlagshaus, Gütersloh, in der Verlagsgruppe Random House GmbH.

Helmut Gollwitzer, Die Ballade von meiner Bibel. Aus: Helmut Gollwitzer, ... und führen, wohin du nicht willst © 2001, Gütersloher Verlagshaus, Gütersloh, in der Verlagsgruppe Random House GmbH

* * * * * * * * * * ∽ * * * * * * * * * *

Hanns Dieter Hüsch, Ich bin vergnügt (Psalm). Aus: Hanns
    Dieter Hüsch/Uwe Seidel, Ich stehe unter Gottes Schutz,
    Seite 140, 2011/12 © tvd-Verlag Düsseldorf, 1996

Paul Konrad Kurz, Chagalls Engel. Aus: Paul Konrad Kurz,
    Ein großes Flügeldach © 2002 Verlag am Eschbach der
    Schwabenverlag AG, Eschbach/Markgräflerland.

Alfred Polgar, Wozu braucht ein Engel Flügel. Aus: Alfred Pol-
    gar, Kleine Schriften (1). Musterung. Copyright © 1982 by
    Rowohlt Verlag GmbH, Reinbek bei Hamburg

Gerhard Schöne, „An meinen Engel" und „Der Laden". Alle
    Rechte beim Autor.

Sybil Gräfin Schönfeldt, Der Engel im Garten. Aus: Rosemarie
    Fiedler-Winter, Engel Engel © 2002 by LangenMüller in
    der F.A. Herbig Verlagsbuchhandlung, München.

Uwe Seidel, Mein Schutzengel. Aus: Michael Blum/Uwe Sei-
    del, Das kleine Engelbuch, Seite 6f, 2005/10 © tvd-Verlag
    Düsseldorf, 1996

Uwe Seidel, Lichtwesen. Aus: Michael Blum/Uwe Seidel, Das
    kleine Engelbuch, Seite 12, 2005/10 © tvd-Verlag Düssel-
    dorf, 1996

Christa Spilling-Nöker, Alle Engel des Himmels (Behütet
    sein). Aus: Martin Schmeisser (Hrsg), Deine Güte umsorgt
    uns © 2001, 7. Auflage Verlag am Eschbach der Schwa-
    benverlag AG, Eschbach/Markgräflerland

Christa Spilling-Nöker, Mögest du von Engeln umgeben sein. Aus: Christa Spilling-Nöker, Einfach mit guten Wünschen © Verlag Herder GmbH, Freiburg im Breisgau 2003.

Anne Steinwart, Tagesthemen. Alle Rechte bei der Autorin.

Leo N. Tolstoj, Das Gebet. Aus: Leo N. Tolstoj, Sämtliche Erzählungen, Herausgegeben von Gisela Drohla, Band 3. © Insel Verlag Frankfurt am Main 1961.

Jürgen Werth, Bist du ein Engel. (Text) © ABAKUS Musik Barbara Fietz, 35753 Greifenstein

Jörg Zink, Einer, der glücklich macht. Erschienen in: Jörg Zink, Meine Gedanken sind bei dir © KREUZ VERLAG, Stuttgart, 12. Aufl. 2002, S. 42.

Fotos

Seite 8: © gudrun/Fotolia
Seite 32: © kuleczka/shutterstock
Seite 62: © Tatjana Kruusma/shutterstock
Seite 90: © T SOMBOS Alexis/shutterstock
Seite 120 : © Vasaleks/shutterstock